가족과 국가
이후의 공동체

도시공동체 연구총서 3

# 가족과 국가 이후의 공동체

정성훈 지음

보고사
BOGOSA

이 책은 인천대학교 인천학연구원이 2019년 9월에 시작해 지금 3년 차 연구를 마무리하고 있는 한국연구재단 인문사회연구소지원사업 "인 천의 내발적 공동체 기반 도시회복력 연구"에서 내가 맡은 영역인 철학 적 공동체 이론 연구의 결과물이다. 지난 3년간 인천학연구원이 마련해 준 좋은 연구공간에서 집필한 글들을 모았다. 그런데 나의 공동체 연구 는 길게 보면 서울시립대학교 도시인문학연구소에서 근무했던 2010년 부터 시작된 것이라 볼 수 있으므로 이 책은 12년간의 연구성과가 모인 것이라고도 볼 수 있다.

공동체와 관련된 내 문제의식의 출발점은 6장의 제목 안에 표현되어 있는 것, 즉 '현대적 조건에서 현실적인 공동체'였다. 그런 공동체는 더 이상 아리스토텔레스 이래의 철학적 전통에 따른 국가 혹은 정치적 공동 체일 수 없다는 것을 나는 이전의 연구성과들에서 밝혀왔다. 그래서 정 치적 공동체 대신 부각시키고자 했던 것은 친밀관계들로부터 출발하는 친밀공동체, 살림살이의 필요로부터 출발하는 살림공동체 등이었다.

그런데 지난 3년간의 연구를 통해 나는 친밀공동체와 살림공동체가 원래의 의도와 달리 어쩌면 근대적 핵가족을 정상 가족으로 간주하는 관념의 재생산에 도움을 줄 수도 있다는 판단을 하게 되었다. 그래서 최근에는 정상 가족 관념을 비판하고 대안적 가족 개념을 소개하는 논문을 쓰게 되었다. 이 책의 2장에 실린 루만의 가족 개념을 소개하는 글이 그것이다. 그런데 이 논문을 마무리하는 과정에서 나는 대안적 가족 개념에 따른 가족은 공동체라 불리는 것이 더 적절할 수 있다는 고민, 그리고 과연 가족이라는 표현을 계속 쓰면서 전통적 가족 관념 및 근대적 핵가족 관념에서 벗어날 수 있는가에 대한 고민 등을 하게 되었다. 이런 고민들에 대한 결론은 아직 명확하지 않다. 어쨌거나 좋은 삶을 위한 현실적 공동체는 현재 제도화되어 있는 가족의 문제를 극복할 수 있어야 한다는 문제의식은 분명해졌다.

이 책의 제목을 '가족과 국가 이후의 공동체'로 정하게 된 것은 위의 문제의식을 담기 위해서이다. 우리는 지금 비록 공동체는 아니지만 국가와 지방정부의 틀 안에서 살고 있으며, 공동체인지 아닌지 의문스럽지만 많은 경우 가족을 이루며 살고 있다. 가족과 국가에 대한 전면적 적대를 피하면서도 가족 이후와 국가 이후를 모색하는 것, 가족과 국가 사이의 다양한 공동체들의 가능성을 찾는 것, 특히 그 공동체들 중에서 좋은 삶을 위한 공동체라 부를 수 있는 것들은 어떤 소통 방식과 어떤 기능을 갖는가를 밝히는 것, 이런 것들이 이 책에서 시도한 작업이며 그것을 추상적으로 표현한 제목이 '가족과 국가 이후의 공동체'이다.

이 책의 1부인 '가족과 국가 이후의 좋은 삶을 위한 공동체'에 묶인 세 편의 글은 최근 내가 고민하고 있는 지점을 그대로 드러내는 것들이다. 아리스토텔레스와 헤겔의 철학적 공동체 이론을 비판한 1장과 기능적으로 분화된 사회에서 좋은 삶을 위한 공동체를 밝히는 3장은 이 책을 위해 2022년 봄에 새로 쓴 글들이다. 루만의 가족 개념을 소개하면서 공동체 이론으로의 확장을 모색하는 2장은 2021년 초에 구상을 시작해

1년 이상의 작업을 거쳐 2022년 4월에 출간한 학술지 논문을 조금 고쳐
쓴 것이다. 2장을 쓰면서 떠오른 고민들에서 출발해 쓴 글들이 1장과
3장이다. 그럼에도 순서를 이렇게 정한 것은 1장이 내가 극복하고자 하
는 철학적 공동체 이론의 핵심 내용들을 소개하는 성격을 갖고 있다는
점, 그리고 3장의 경우 2장에 나오는 루만의 가족 개념, 인격 개념 등을
먼저 파악하고 읽는 것이 원활한 독서를 가능하게 한다는 점 때문이었
다. 특히 3장은 다른 장들에 비해 다소 모험적으로 서술했다고 볼 수
있기 때문에 1장과 2장을 먼저 읽은 독자가 이런 문제의식을 가진 필자
는 오늘날 어떤 공동체관을 갖고 있을지 궁금하면 읽기를 바란다. 다만
아직 엄밀한 이론적 완결성을 갖추지는 못했다는 점을 밝혀둔다.

이 책의 2부인 '가족과 국가 이후의 공동체의 친밀성과 공공성'에 묶은
세 편의 글은 2011년에서 2016년 사이에 발표한 친밀공동체 관련 학술지
논문 세 편을 고쳐 쓴 것이다. 1부를 먼저 읽은 독자들은 아마도 필자가
이야기하는 좋은 삶을 위한 공동체에 관해 보다 구체적인 면모를 파악하
고 싶어질 것이다. 1부의 공동체 이론의 관점은 2부에 실린 글들에 담겨
있는 사례 연구, 그리고 20세기에 공동체를 다룬 다른 철학적 경향들에
대한 비판적 검토를 기초로 서서히 형성된 것이다. 그럼에도 정확히 현
재 내가 갖고 있는 이론적 관점과는 조금 다른 부분도 있기 때문에 2부에
배치하였다. 물론 나는 친밀공동체론을 폐기한 것이 아니라 그것이 다소
협소한 규정이라고 생각할 뿐이기에 그 관점 변화가 큰 것은 아니다. 친
밀공동체, 살림공동체 등에 대한 재론은 1부 3장에 담겨있다. 그래서 1부
3장은 2부를 읽은 후에 다시 한번 읽어봐도 좋을 것이다.

현대 사회와 함께 사는 것을 나는 사회철학 입문 서적에서 "괴물과
함께 살기"라고 표현한 적이 있다. 개인들의 기여로 성장하지만 개인들

의 의지와는 무관하게 굴러가며 때로는 개인들에게 매우 억압적이기도 한 괴물과 같은 현대 사회에서 살아가는 일은 여러 소통 맥락들에 들어갔다 나왔다가를 반복해야 하는 피곤한 삶이다. 『단속사회』의 저자 엄기호의 표현을 빌자면, 끊임없는 접속과 끊기를 반복하는 단속(斷續)이다. 현대 사회의 공동체들 역시 이 단속의 법칙을 피할 수 없다. 좋은 삶을 위한 공동체들 역시 개인들에게 좋은 경험만 제공하는 것이 아니라 때로는 억압과 갈등을 경험하게 한다. 그럼에도 현대 사회의 기능체계들과 공식 조직들이 제공하는 삶 이외에 이런 공동체들을 형성하는 삶을 보태는 것이 조금 더 나은 삶이라 판단하기에 나는 공동체라는 연구주제로 끊임없이 되돌아오고 있다. 아마도 나의 40대를 좋은 삶으로 기억하게 해준 공동체의 경험 덕분일 것이다. 그 경험을 직간접적으로 가능하게 해준 모든 분들께, 그리고 그 경험을 이론화할 수 있는 조건들을 마련해준 모든 분들께 이 부족한 책을 바친다.

2022년 5월,
인천대학교 제물포캠퍼스 연구실에서

※ 2장, 4장, 5장, 6장은 학술지 논문으로 출간된 적이 있으며,
그 출처는 184쪽에 밝혀놓았다.

## 목차

# 1부

# 가족과 국가 이후의
# 좋은 삶을 위한 공동체

# 1장

# 아리스토텔레스와 헤겔의
# 철학적 공동체 이론 비판

## 1. 도입

이 글의 목적은 현대적 조건에서 좋은 삶을 위한 현실적 공동체의 형성 방향을 제시하기 위한 사전작업으로 전통적인 철학적 공동체 이론의 한계를 밝히는 것이다. 오늘날 여전히 철학적 공동체 이론에 강한 영향을 미치고 있는 두 가지 경향인 아리스토텔레스와 헤겔의 한계를 밝힘으로써 새로운 공동체 이론을 위한 기초를 놓고자 한다.

이 글에서 '철학적 공동체 이론'이라고 부르는 것은 가족 혹은 가정을 기본적인 혹은 자연적인 공동체로 간주하고 좋은 삶을 위한 공동체의 이상을 국가 혹은 정치적 공동체를 통해 실현하고자 했던 전통을 뜻한다. 이 전통은 자본주의 경제 체계의 등장으로 인해 정치 혹은 국가와 구별되는 사회 혹은 시민사회가 떠오른 이후 그 현실적 기반을 잃게 되었다. 하지만 20세기 후반에 공동체주의 정치철학을 비롯한 다양한 변형을 통해 다시 그 영향력이 커지고 있다.

아리스토텔레스와 헤겔의 전통에서 벗어나지 못한 철학적 공동체 이론은 정치, 경제, 과학, 교육 등의 기능체계들로의 분화가 주도적인 분화 형식이 된 현대 사회에서는 더 이상 현실성을 가질 수 없다. 가족들 중의 일부는 여전히 다양한 기초적 공동체들 중 한 가지 종류로 규정될 수 있겠지만, 이른바 '정상 가족'을 재생산하는 가족 제도는 인격에 방향을 맞춘 소통들로 이루어진 여러 다른 공동체들의 형성을 억압하고 있다. 또한 국가가 현실적 공동체가 아님은 경험적으로 분명하며, 국가를 공동체로 부르는 이데올로기적 실천 역시 때로는 통합과 안정에 도움이 될 수도 있지만 남용될 경우에는 오히려 큰 역효과를 낳는다. 현대 사회에서 국가는 정치 체계의 자기관찰 단위에 불과하며 국가를 대신할 정치적 공동체 구상 역시 실현되기 어렵다.

이러한 문제의식을 기초로 아리스토텔레스의 공동체 이론과 헤겔의 공동체 이론을 각각 소개하고 그것의 한계를 밝히겠다.

## 2. 아리스토텔레스의 공동체 이론과 현재적 수용에서의 문제

### 1) 폴리스와 오이코스의 관계에 대한 플라톤과 크세노폰의 견해 차이

공동체에 관한 철학적 논의에 있어 오늘날까지 가장 강한 영향력을 미치고 있는 전통은 국가 혹은 정치 공동체를 '좋은 삶(eu zēn)'을 위한 공동체로 규정하고 인간을 본성상 사회적 혹은 정치적 동물로 규정한 아리스토텔레스 전통이다. 여기서는 우선 아리스토텔레스 이전에 가정과 국가의 관계에 대한 상반된 입장을 드러낸 플라톤과 크세노폰의 저술들을 간단히 살펴본 후, 아리스토텔레스가 어떻게 이 두 가지 입장을 극복하는 공동체 이론을 정립했는지 살펴볼 것이다. 그리고 이러한 정립 과정에서 누락된 지점을 지적할 것이다.

플라톤과 크세노폰은 소크라테스로부터 배웠고 그를 위한 변론을 썼다는 공통점을 갖고 있다. 하지만 국가(polis, 나라)와 가정경제(oikos, 살림살이)의 관계에 대한 두 사람의 견해 사이에는 큰 차이가 있다. 이 견해 차이는 두 사람의 서로 다른 생애와도 무관하지 않은 것으로 보인다.

플라톤은 소크라테스가 죽은 후 아테네를 떠나 지중해 일대를 떠돌아다니긴 했으나 다시 아테네로 돌아와 아카데미아를 설립해 제자들을 가르쳤다. 그는 자신의 조국인 아테네가 타락하고 쇠퇴하는 걸 안타깝게 여기면서 올바른 폴리스 혹은 행복한 폴리스에 대한 이상을 품고 살았다. 가난하지만 지혜로운 스승이 부자들이 많은 재판정에서 사형을 선고받았다는 사실은 아마도 그에게 재산에 관심이 없는 수호자들로 이루어진 이상적인 나라를 꿈꾸게 하였을 것이다.

반면에 크세노폰은 소크라테스가 죽기 전에 이미 스승의 경고를 무시하고 아테네를 떠나 페르시아의 소(小) 키루스가 이끄는 전쟁에 용병으로 참가했으며, 이후에는 아테네와 전쟁 중이던 스파르타의 동맹군에 가담했다. 이로 인해 그는 아테네로부터 추방당하지만 스파르타로부터 받은 영지에서 농장주로 부유한 삶을 살면서 저술활동을 했다. 그는 헬라스 전통의 작은 나라인 폴리스보다 거대 제국을 선호했으며, 부지런히 일하면서 부유한 삶을 사는 걸 선호했다. 그에게는 아마도 나라를 다스리는 일이 큰 가정을 풍족하게 돌보는 일과 별 다른 일이 아니었을 것이다.

　그러면 플라톤의 저작 『국가(Politeia)』[1]와 크세노폰의 저작 『살림꾼 (Oikonomikos)』[2]을 비교해 살펴보면서 폴리스와 오이코스의 관계에 대한 상이한 두 입장을 살펴보자.

　『국가』의 제2권에서 플라톤은 소크라테스와 아데이만토스의 대화를 통해 "이론상으로 처음부터 폴리스를 수립"(147, 369c)[3]하는 일종의 사유 실험을 펼친다. 이 사유 실험의 출발점은 "우리의 '필요'", 즉 생존을 위한 음식물, 주거, 의복, 신발 등등을 마련하는 것이다. 이것이 넷 혹은 다섯 사람으로 이루어진 "최소 한도의 폴리스"이다. 그런데 이것은 당시의 헬라스 상황에서는 폴리스라기보다는 오이코스에 가깝다. 이들의 대화는 이 작은 나라에서 각자가 "자신의 일(ergon)"(147, 369e)을 "성향에

---

1 Politeia는 폴리스들의 여러 정치체제를 뜻하는 말이기 때문에 한국어판 번역자 박종현이 지적한 것처럼 '정체(政體)'로 번역하는 것이 적합할 수도 있다. 하지만 박종현이 『국가·정체』로 표현할 수밖에 없을 정도로 한국에서 이 대화편은 '국가'로 널리 알려져 왔다. 그리고 polis나 politeia를 오늘날 어떻게 번역하든 2천여 년 전 헬라스에 살던 사람들이 뜻한 것을 國이나 政이라는 한자가 포함된 단어로 표현하는 것은 어쨌거나 부정확하다. 그래서 책 제목은 널리 통용되는 이름으로 쓰되, 본문에서 polis는 문맥에 따라 나라, 폴리스, 국가 등으로 다양하게 표현하도록 하겠다.

2 한국어판 『경영론·향연』의 번역자인 오유석은 해설에서 키케로를 비롯한 고대의 저자들이 크세노폰의 저작을 라틴어 Oeconomicus가 아니라 Oeconomica라고 언급한 것을 근거로 책 제목을 '경영인'이 아닌 '경영론'으로 옮겼다고 말한다(13쪽). 그런데 나는 이 번역본을 읽으면서 이 책의 주된 내용이 소크라테스가 이스코마코스라는 탁월한 경영인(살림꾼)이 자신의 살림살이에 관한 구체적인 이야기를 들려주는 것에 초점을 맞추고 있지 일반적인 살림 이론 혹은 살림 기술에 관한 이야기는 별로 없기 때문에 '살림꾼'이 더 적절한 제목이라고 판단하였다. 그리고 오이코스를 잘 다스리는 것을 '살림' 혹은 '살림살이'로, 그런 기술을 '살림 기술'로 번역할 것이다.

3 플라톤 지음, 박종현 옮김, 『국가·정체』, 서광사, 2005. 괄호 안의 첫 번째 숫자는 한국어판 쪽 수이며, 두 번째 숫자는 스테파누스 쪽 수(Stephanus pages), 즉 플라톤 대화편 인용시 국제적인 표준 쪽 수이다. 크세노폰과 아리스토텔레스의 저술에서도 한국어판 쪽 수와 국제적 표준 쪽 수를 함께 괄호 안에 넣어 인용하겠다.

따라(kata physin)"(149, 370c) 하는 것이 더 효율적이라는 점에 대한 합의
로 이어진다. 그리고 더 많은 필요들을 충족시키기 위해 장인들, 소치기,
양치기, 무역상, 소매상 등을 차례로 추가하면서 나라의 규모를 키워나
간다. 마지막으로는 목축과 경작으로 인해 이웃 나라와의 땅을 둘러싼
갈등이 일어남에 따라 새로운 필요가 제기된다. 전쟁에 대비해 나라를
수호할 필요가 제기되는 것이다.

수호자들을 등장시킨 이후에 플라톤은 더 이상 최소 한도의 나라의
형성 계기였던 기본적 필요들에 관해 논의하지 않는다. 이러한 필요들을
충족시키는 기초 공동체인 오이코스에 대해서는 언급하지 않으며, 수호
자들을 지혜로운 통치자로 성장시키기 위한 교육의 내용과 그들의 생활
방식에 관한 논의가 이어진다. 그런데 "어떤 사유 자산도 가져서는 아
니"(252, 416d) 되고 공동 식사와 공동 생활을 해야 하는 수호자들에게는,
게다가 "어떤 여자도 어떤 남자와 개인적으로 동거하지 못하게" 되어 있
고 "아이들도 공유"(334, 457d)하는 수호자들에게는 당연하게도 오이코스
가 없다. 그들은 살림살이를 할 필요가 없기 때문이다. 어느 한 집단이
특히 행복하게 되는 게 아니라 "시민 전체가 최대한으로 행복해지도록
하는"(258, 420b) 나라를 위해 수호자들에게는 개별적인 살림살이가 허용
되지 않는다. 그들은 생산에 종사하는 다른 시민들로부터 생활필수품을
공급받는다.

플라톤의 구상에 따르면, 수호자들에게 생활필수품과 생활비를 제공
하는 "다른 시민들"(252, 416e) 혹은 "다른 사람들"(347, 464c)은 아마도 개
별 오이코스에서 살림살이를 할 것이다. 그래서 플라톤이 오이코스의
제거를 주장한 것이 아니라 "최선의 폴리스의 통일성"을 위해 오이코스
를 "정치적 장치"로 변형했다는 평가[4]는 타당하다. 하지만 『국가』에서

플라톤은 수호자가 아닌 시민들의 살림에 관해서는 전혀 언급하지 않는다. 살림살이는 그에게 학문적 고찰의 대상이 아닌 것이다.

플라톤의 올바른 폴리스 구상에서 오이코스는 폴리스의 수호자들을 뒷받침하는 재화 공급자들의 생활 단위로 추정될 수 있을 뿐이다. 하지만 크세노폰은 오이코스를 위한 살림살이 지식을 매우 중요시하며, 오이코스를 잘 돌보는 것과 거대한 정치적 단위를 잘 다스리는 것 사이에 질적 차이를 두지 않는다.

크세노폰의 『살림꾼』은 플라톤의 대화편들처럼 소크라테스를 주된 화자로 내세우고 있다. 그런데 『국가』의 소크라테스와 달리 『살림꾼』의 소크라테스는 살림이 "지식의 한 분야"(27, I-1)[5]라고 말한다. 그리고 그는 경제적 곤경을 겪고 있는 크리토불로스라는 젊은이에게 "훌륭한 살림꾼"에 관한 이야기를 들려준다. 21개의 장으로 이루어진 이 대화편에서 7장 이후에 소크라테스는 그가 "훌륭하고 좋은 자라는 이름과 정말 걸맞다고 여겨지는 사람"(60, VI-12)으로 간주하는 이스코마코스에게서 들은 이야기를 전달하는 역할을 한다. 이스코마코스는 "돈 버는 일에 관심이 있다"(91, XI-9)고 말하며 살림을 잘 관리할 뿐 아니라 증대시키는 데 뛰어난 역량을 갖고 있다. 크세노폰 자신의 대변자로 간주되곤 하는 이스코마코스가 들려주는 살림 지식에 대해 소크라테스는 간혹 의아함을 표명하면서도 대체로 존중하는 태도로 경청한다.[6]

---

4  Helmer, Étienne, "The Oikos as a Political Device in Plato's Works", *Diálogos 92*, 2012, p.29~30.

5  크세노폰 지음, 오유석 옮김, 『경영론·향연』, 부북스, 2015의 쪽 수와 E. C. Merchant 가 번역한 영어판의 장, 절 번호를 병기한다.

6  『살림꾼』의 주요 내용과 해석상의 쟁점에 관해서는 정성훈, 「'좋은 삶'을 위한 공동체로서 살림 공동체」, 『시대와 철학』 제31권 3호, 2020, 192~201쪽.

살림꾼 이스코마코스가 소크라테스에게 들려주는 이야기는 대부분 플라톤의 철학과 비교할 때 철학적 지식의 수준에 이르지 못하는 것이다. 걷기, 승마 등의 체력 단련부터 시작해 이스코마코스가 누구나 보고 쉽게 따라할 수 있는 것이라고 말하는 농사술에 관한 상세한 설명에 이르기까지, 이 대화편의 많은 분량을 차지하는 것은 단순한 기술의 수준에 머무는 내용이다. 아내를 교육하는 법, 관리자를 교육하는 법 등에서 자주 강조되는 '부지런한 돌봄(epimeleia)'에 관한 언급들은 단순한 기술의 수준을 넘어서는 교육철학을 함축한다고 볼 수 있다. 하지만 이 역시 당시의 상식 수준을 크게 넘어서지는 않는 것으로 보인다.

이스코마코스는 사려깊음, 질서, 정의, 돌봄, 다스림과 자발적 복종 등의 덕목을 말할 때 오이코스, 선박, 상점, 폴리스 등을 예로 든다. 이때 각각의 덕목은 각각의 공동체에게 동일한 의의를 갖는다.[7] 예를 들어, 가정에서 아내와 서로 소송을 진행하듯이 토론하면서 정의라는 탁월함을 발휘하는 것은 거래에서의 정의나 폴리스의 재판정에서의 정의와 질적으로 다른 것이 아니다. 그래서 크세노폰에게 오이코스와 폴리스의 차이는 그 규모의 차이일 뿐이라는 평가가 내려진다.[8]

크세노폰의 저작들은 플라톤의 저작들에 비해 철학사적으로 볼 때 별로 큰 영향력을 갖고 있지 못하며 오늘날 처세술 서적으로 읽히곤 한다. 하지만 폴리스 이외의 공동체(koinōnia)의 중요성을 강조했다는 점에서,

---

7  오유석, 「고대희랍의 가정과 여성 - 크세노폰의 Oeconomicus에 나타난 아내의 품성교육을 중심으로 -」, 『도덕윤리과교육』 제43호, 2014, 197~199쪽.

8  Alvey, James E., "The ethical foundations of economics in ancient Greece, focussing on Socrates and Xenophon", *Internatioal Journal of Social Economics*, *Vol. 38 No. 8*, 2011, p.721.

그리고 여러 종류의 공동체들 사이의 위계질서나 규범적 질의 차이를 설정하지 않았다는 점에서 소크라테스학파의 주류와는 다른 관점을 드러낸다. 그리고 이 관점은 어쩌면 당시에 열심히 일하며 살았던 평범한 사람들의 상식에 더 부합하는 것일지도 모른다.

## 2) 아리스토텔레스의 공동체 이론

아리스토텔레스는 한편으로는 그의 스승 플라톤과 달리 폴리스를 이루는 부분인 오이코스를 다스리기 위한 기술인 살림 기술(oikonomikē)[9]에 대해서도 관심을 기울인다. 다른 한편으로 그는 크세노폰의 견해로 대표되는 당시 부유한 시민들의 상식에 맞서 자연에 어긋나는 돈벌이 기술(chrēmatistikē)[10]을 비판하며, 좋은 삶을 위한 공동체인 폴리스가 다른 종류의 공동체들과 종적 차이를 갖는다는 점을 강조한다.

'폴리스에 관한 탐구'라는 뜻을 가진 저작 『정치학(Politica)』의 제1권 제1장 첫 문장에서 아리스토텔레스는 모든 공동체(koinōnia)는 어떤 좋음을 위해 구성된다고 말한 후, 이 공동체들 중 최고의 좋음을 목표로 하는 공동체를 '정치적 공동체(koinōnia politikē)'로 규정한다. 이것이 곧 폴리스이다. 그리고 폴리스를 다스리는 정치가와 다른 종류의 지배자들인 왕, 살림꾼(오이코스를 다스리는 자), 노예의 주인 등이 "종적으로 다른 것"(27, 1252a)[11]이라고 말한다. 그런데 이어지는 구절에서 그는 이러한

---

9 한국어 번역본에서 김재홍은 "가정경영술"로 옮긴다.
10 한국어 번역본은 "재화를 획득하는 기술"로 옮기는데, 이는 살림 기술의 일부인 '재산 획득술(ktētikē)'과 혼동을 일으킬 수 있다. 내용상으로 볼 때 자연적인 교환술이 아니라 돈을 이용해 더 많은 돈을 벌기 위한 교역 상업과 이자놀이를 가리키는 것이므로 나는 '돈벌이 기술'로 옮기겠다.

종적 차이에 대한 근거를 밝히지 않는다. 그래서 우리는 폴리스가 왕국, 오이코스 등과 어떤 종적 차이를 갖는지를 제1권 제2장의 서술을 통해 추론할 수 있을 뿐이다.

아리스토텔레스는 제1권 제1장의 마지막에 복합체를 요소들로 나누어야만 하는 것처럼 폴리스를 그 구성 부분들로 나누어보아야 한다고 말한 후, 제2장에서는 생식을 위한 여남관계와 생존을 위한 자연적 지배관계(주인-노예 관계)를 분석의 출발점으로 설정한다. 그리고 이 두 가지 관계로부터 생겨나는 첫 번째 공동체, 일상의 필요를 충족하기 위한 자연적 공동체를 '오이코스(oikos)'라고 말한다. 그리고 일상의 필요 이상을 충족하기 위해 여러 오이코스로 구성된 공동체를 '마을(kōmē)'이라고 부른다. 그런데 마을에 관한 서술에서 "폴리스들은 처음에 왕이 지배하던 때가 있었다"(31, 1252b)고 말하는 것으로 보아 아리스토텔레스는 폴리스와 달리 왕이 지배하는 나라들은 종적으로 볼 때 마을과 다름없는 것으로 간주하는 듯 보인다. 그리고 여러 마을로 이루어진 완전한 공동체, 자족의 한계에 도달한 공동체이자 좋은 삶을 위해 존재하는 공동체를 폴리스로 규정한다.

그렇다면 폴리스와 다른 공동체들 사이의 종적 차이를 낳는 기준은 '자족(autarkeia)'과 '좋은 삶(eu zēn)'이다. 아리스토텔레스에게 자족은 경제적인 의미의 자급자족이 아니라 필요를 충족하는 삶을 넘어서 인간의 본성 혹은 목적에 도달하는 것이다. 따라서 한계에 도달한 자족과 좋은 삶은 거의 동일한 의미를 갖는다. 자연(본성)을 목적론적으로 이해하는 그는 "인간은 본성적으로 폴리스적 동물(politikon zōon)"(33, 1253a)이

---

11 아리스토텔레스 지음, 김재홍 옮김, 『정치학』, 길, 2017.

라고 규정한다. 그리고 이 규정이 나오는 문단의 바로 다음 문단에서 동물 중에서 인간만이 로고스(logos, 이성)를 가진다고 말하며, 이 능력 덕택에 유익한 것과 해로운 것, 정의로운 것과 정의롭지 않은 것을 분별할 수 있다고 말한다. 그리고 폴리스가 다른 종류의 공동체들에 앞선다는 점을 이야기할 때 "법과 정의"를 강조하며, "정의(dikaosunē)는 폴리스적인 것"이며 폴리스에서 정의를 위해 이루어지는 심판을 언급한다(37, 1253a).

이런 서술 전개를 볼 때, 아리스토텔레스에게 완전한 자족과 좋은 삶이란 인간이 로고스를 충분히 발휘하여 유익함, 올바름 등을 정확히 따지며 사는 삶이다. 따라서 필요에 종속된 다른 공동체들에서는 이러한 삶이 충분히 실현될 수 없는데 반해, 광장에 모여 유익함에 관해 토론하고 재판정에서 옳고 그름을 가리기 위해 논쟁하는 폴리스에서는 인간의 본성이 완전해질 수 있다고 보는 것이다.

그렇다고 해서 아리스토텔레스가 폴리스 이외의 공동체들에서 로고스가 사용되지 않는다고 보는 것은 아니다. 그는 노예가 절제, 용기, 정의 등등의 탁월함을 갖는지 물으면서 그들도 인간이고 로고스를 나누어 갖고 있다고 말한다(76, 1259b). 물론 노예는 숙고적 부분을 갖고 있지 못하다고 말하며, 여성은 그걸 갖고 있으나 권위를 갖고 있지 못하다는 점, 그리고 아이는 성숙하지 않다는 점을 덧붙인다(78, 1260a). 이러한 서술을 볼 때 아리스토텔레스는 노예, 여성, 아이 등 오이코스의 구성원들이 주인과 마찬가지로 로고스를 가진 인간이며 주인과 종류는 다르지만 탁월할 수 있음을 어느 정도 인정한다. 다만 노예는 자연적 지배를 받는다는 이유로, 그리고 여성은 별다른 근거 제시 없이 권위가 없다는 이유로 로고스를 이용한 숙고를 제대로 하기 어렵다고 본다. 이로부터 나는 아리스토텔레스가 오이코스에서 주인을 위해 노동하는 자들과 남편을 위해 살림살이를 하는 자들은 자신들이 가진 잠재적인 로고스 능력을 제대로 발휘할 수 없다고 본 것이 아닐까 추론해본다.

그렇다면 왜 아리스토텔레스는 로고스를 사용한 숙고와 그에 따른 유익함과 정의에 관한 토론이 폴리스에서는 활발하게 이루어질 수 있다고 보았을까? 인간 본성이 왜 폴리스에서는 완성될 수 있다고 보았을까? 우선 폴리스에 참여하는 시민들의 동등함을 첫 번째 이유로 꼽을 수 있을 것이다. 일방적 지배관계(주인-노예)와 권위적 관계(남편-아내) 등으로 인해 숙고와 토론의 기회가 제한되는 오이코스에서와 달리 폴리스에서의 지배는 "지배하는 자와 지배받는 자의 역할 교대"(75, 1259b)가 이루어진다. 따라서 모든 시민이 유익함과 정의로움에 관한 토론에 참여할 수 있으며, 그 속에서 자신의 탁월함을 발휘할 기회를 얻는다. 또 다른 중요한 이유로 꼽을 수 있는 것은 먹고 사는 삶, 즉 필연에 묶여있는 삶으로부터 벗어날 수 있는 '여유'이다. 아리스토텔레스는 재산을 획득하는 기술이 정치가의 기술이 아님을 주장할 때, "재화는 오히려 미리 수중에 주어져야만 한다"(66, 1258a)고 말한다. 게다가 재산이 많은 사람은 노예를 부리는 성가신 일조차 관리인에게 맡기고 정치적인 일이나 철학적인 일에 참여한다고 말한다(53, 1255b). 따라서 좋은 삶은 생존을 위한 삶이 오이코스를 통해 이미 해결되어 있는 사람들만 가질 수 있는 여유를 통해 가능한 것이다.

심지어 『니코마코스 윤리학』에서는 그가 최고의 좋음으로 규정하는 행복을 위한 활동들 중 최고의 탁월성에 따르는 활동을 관조적 활동인 철학으로 규정한다. 그리고 이를 위해서는 폴리스에서의 활동조차 성가신 일인 것처럼 서술한다. 그는 "행복은 여가 안에 들어 있는 것 같다"고 말한 후 정치나 전쟁 등 정치가들의 행위 또한 여가와는 거리가 멀다고 말한다(371, 1177b).[12] 오이코스에서의 살림살이는 물론이고 폴리스에서의 좋은 삶조차도 지성을 충분히 사용할 여가를 빼앗기 때문에 최고의 좋은 삶은 아닌 것이다. 물론 그가 윤리학의 제10권 제7장에서 언급하는 관조적 삶은 정치학에서는 언급하지 않는 것이다. 그리고 관조적 삶은 "인간적 차원보다 높은 것" 혹은 "인간 안에 신적인 어떤 것"이다. 제10권 제7장이 불사불멸을 말하는 등 다른 부분보다 플라톤 철학과 비슷한 면모가 있다는 점에서 나는 관조적 삶이 아리스토텔레스 고유의 현실주의보다는 스승의 영향이 남아있는 부분이라고 판단한다. 그래서 나는 아리스토텔레스에게 좋은 삶이나 행복은 폴리스를 통해 실현된다고 보는 입장에 서 있다. 어쨌거나 그가 얼마나 필연성으로부터 벗어나는 여유를 선호했는지를 우리는 윤리학에서 더 극적으로 확인할 수 있다.

폴리스를 다스리는 자가 생존의 필연성에 묶여 있지 않아야 한다고 본다는 점에서 아리스토텔레스는 스승 플라톤과 비슷하다. 그럼에도 아리스토텔레스는 자신의 스승과 달리 정치가가 자기 고유의 재산이 없는 삶, 먹고 마시고 입을 것을 타인들로부터 공급받아야 하는 삶을 살아야 한다고 보지는 않는다. 그는 미리 수중에 주어져 있어야 하는 사유 재산이 있어야 한다고 보기에 『정치학』의 제2권에서 플라톤의 처자 공유제 및 재산 공유제를 강하게 비판한다. 특히 재산 공유를 비판하는 부분에서 시민 각자는 자기 고유의 재산을 소유하면서 그 일부를 친구들이 사용하도록 하는 것을 강조한다(『정치학』 103, 1263a). 그는 친구와 이방인과

---

12   아리스토텔레스 지음, 강상진·김재홍·이창우 옮김, 『니코마코스 윤리학』, 도서출판 길, 2011.

동료들을 돕고 호의를 베푸는 것이 가장 큰 즐거움일 뿐 아니라 공동 소유보다는 이렇게 사유하면서 나눠 쓰는 것이 더 다툼이 일어나지 않게 하는 방식일 것이라고 본다. 그는 폴리스가 너무 하나이면, 즉 통일성이 높다면, 오히려 공동의 재산을 둘러싼 분쟁이 심하게 일어난다고 본다. 그리고 아리스토텔레스는 플라톤이 수호자들로부터 행복(eudaimonia)을 빼앗아버렸다고 비판하면서 폴리스 전체를 행복하게 만드는 사람은 자 신이 행복해야 한다고 주장한다(110, 1264b).

아리스토텔레스에게 '좋은 삶'은 필연에 묶여 그저 사는 것을 넘어설 수 있는 여유를 전제로 하지만, 플라톤과 달리 그는 이 여유를 유지하기 위한 살림 기술에 대해서도 관심을 기울인다. 폴리스를 다루는 저작인 『정치학』의 제1권의 대부분의 내용은 노예 지배 기술, 살림 기술과 획득 술의 차이 등으로 이루어져 있다. 이렇듯 살림살이의 중요성을 파악하고 있다는 측면에서는 아리스토텔레스는 플라톤보다 크세노폰의 견해에 가 까운 것으로 보인다.

살림 기술에 관한 아리스토텔레스의 관점과 크세노폰의 관점은 비슷 한 점이 많다. 농사를 가장 자연적인 살림 기술로 장려한다는 점, 부족 에 대한 고민보다는 남는 것을 어떻게 나누어 쓸지를 고민한다는 점, 잉 여 재산을 친구들과 어려운 사람들을 위해 써야 한다고 주장하는 점 등 등에서 공통된 견해를 갖고 있다. Alvey가 지적하듯이, 소크라테스, 크 세노폰, 플라톤, 아리스토텔레스 등 소크라테스학파는 근대 이후 대부 분의 경제학자들과 달리 윤리와 경제가 결합된 관점을 갖고 있기 때문일 것이다.[13]

---

13 Alvey, James E., "The ethical foundations of economics in ancient Greece,

그럼에도 살림 기술과 관련해 크세노폰이 더 관심을 두는 지점과 아리스토텔레스가 더 관심을 두는 지점 사이에는 차이가 있다. 크세노폰의 『살림꾼』의 7장부터 10장까지는 이스코마코스가 자신에게 15세에 시집을 온 아내를 어떻게 오이코스의 여왕벌로 만들기 위해 교육했는지를 매우 구체적으로 진술하고 있다.[14] 그리고 12장부터 14장까지는 주인이 부재할 때 농장을 맡아줄 관리인을 어떻게 교육하는지 진술하며, 관리인의 탁월함은 정의로움이라고 말한다. 반면에 아리스토텔레스의 『정치학』에서 아내 교육이나 관리인 교육에 관한 언급이 없다. 오히려 그는 앞서 살펴보았듯이 노예를 부리는 성가신 일에 대한 앎을 관리인에게 맡기고 주인은 정치적 삶과 철학적 삶을 추구해야 한다고 말한다. 크세노폰 역시 주인이 여유를 갖는 것을 중시하지만 그것은 살림을 믿고 맡길 수 있을 정도의 철저한 교육을 전제로 하며, 무엇보다도 주인 자신이 살림꾼이어야 한다. 반면에 아리스토텔레스에게는 이미 재산이 있는 주인이 뛰어난 살림꾼이거나 살림 교육을 잘 해야 할 필요는 없는 것으로 보인다.

아리스토텔레스가 더 큰 관심을 기울이는 지점은 살림 기술과 돈벌이 기술을 뚜렷이 구별하는 것이다. 아리스토텔레스는 크세노폰과 마찬가지로 농사술이 자연적으로 살림 기술의 일부라고 말한 후, 교환술의 두 가지 방식을 구별해 살림 기술로 간주할 수 없는 반자연적 교환술을 비판한다. 그는 오이코스들 사이에서 서로 남는 것과 부족한 것을 교환하는

---

focussing on Socrates and Xenophon", *International Journal of Social Economics*, *Vol. 38 No. 8*, 2011.

14 크세노폰의 여성 교육과 그 의의에 관해서는 위에서 인용한 오유석의 논문에 상세하게 소개되어 있다.

것에 대해서는 자연에 따라 자족하기 위한 것으로 긍정적으로 평가한다. 하지만 화폐를 이용한 교역 상업에서 계속 더 많은 돈을 벌기 위해 노력하는 것에 대해서는 자연에 반하는 것으로 평가한다(61-63, 1257a-1257b). 특히 이자놀이는 가장 자연에 어긋나는 것으로 간주한다.

반면에 크세노폰의 대화편 『살림꾼』의 화자 이스코마코스는 아리스토텔레스의 기준에서 보면 반자연적 교환술을 어느 정도 용인하는 것으로 보인다. 땅을 사랑한다는 이스코마코스의 이야기를 경청하던 소크라테스는 곡식을 사랑하는 자들은 돈이 필요해도 곡식을 아무데나 넘기지 않는다고 말한다. 그런데 이 말에 대해 이스코마코스는 소크라테스가 농담을 한다고 대응한다. 그리고 이스코마코스는 "저는 집을 다 짓자마자 다른 사람에게 판 후 다시 새집을 짓는 사람이 그렇다고 해서 집을 덜 사랑하는 것은 아니라고 생각한다"(140, ⅩⅩ-29)고 답한다. 이 구절을 통해 우리는 크세노폰이 살림 그 자체를 위해서가 아니라 오직 교환을 위해서 집을 지어서 파는 것도 옹호한다고 판단할 수 있다. 그렇다고 해서 크세노폰이 아리스토텔레스의 관점에서 돈벌이 기술을 옹호했다고까지 평가할 수는 없을 것이다. 그럼에도 아리스토텔레스와 달리 크세노폰은 돈벌이 기술이 공동체들을 타락시키는 것에 대해 별다른 우려를 갖지 않았다는 점은 드러난다.

따라서 우리는 크세노폰이 구체적인 살림 기술과 살림 교육에 대해 더 깊은 관심을 가졌다는 것, 그리고 아리스토텔레스가 크세노폰보다 좀 더 철저하게 살림 기술의 윤리적 타락에 대해 경계했다는 것을 알 수 있다. 크세노폰의 관점에서는 근대적 자본가가 어느 정도 용납될 수 있지만 아리스토텔레스의 관점에서는 용납되기 어렵다고 말할 수도 있을 것이다.

### 3) 아리스토텔레스적 공동체관의 현재적 수용에서의 문제

노예제와 여성의 배제에 기초한 헬라스의 철학적 공동체 이론을 오늘날 그대로 가져오려는 사람은 아마도 없을 것이다. 그래서 오늘날 아리스토텔레스주의자임을 자처하는 공동체주의 철학자들이 덕(탁월함)의 윤리와 자치에 기초한 좋은 삶의 지향 등 몇 가지 지점들만 아리스토텔레스로부터 수용하는 것은 당연한 일이다. 그런데 이러한 수용에서 발생할 수 있는 문제가 몇 가지 있다.

첫째, 오늘날의 정치적 단위인 국가와 지방정부는 폴리스와 달리 토론을 기초로 돌아가면서 통치하는 시민 공동체의 성격을 갖기 어렵다.

현대 사회의 개인들 중 상당수는 선거에서의 투표와 여론조사 응답 등의 수준에서만 정치에 참여한다. 그들 중 일부는 때때로 지방정부가 마련하는 토론회 등의 공간에서 로고스(이성적 토론 능력)를 사용하지만 실제의 정치적 결정은 그 토론을 통해 결정되지 않는다. 참여민주주의와 공론장 활성화에 대한 정치철학적 강조는 대의민주주의적 결정의 현실적 정통성 앞에서 좌절될 수밖에 없다.

둘째, 덕 윤리에 따른 정치 공동체 형성은 작은 지방정부에서조차 실현되기 어렵다.

현대 정치의 문제를 거대 국가의 문제로 보는 일부 공동체주의자들은 분권과 자치를 강조한다. 그런데 발전된 나라들의 경우 작은 규모의 지방 단위에서조차 주민 구성은 종교적, 문화적으로 다양하다. 특히 한국의 경우 부동산 문제 등으로 인한 이주가 잦아서 지역 소속감이 약하다. 이런 상황에서는 공동의 덕(탁월함) 기준에 대한 합의는 어려우며, 이를 시도하면 커다란 갈등을 초래할 수 있다. 그래서 주로 불법 여부를 기준으로 삼는 정치인의 도덕성에 대한 공방은 활발하게 일어나지만, 덕 윤리에 따른 정치 공동체 형성은 어렵다.

첫째 및 둘째의 문제에 관해 나는 이미 이 책의 6장에 실린 공동체주의 공동체를 비판하는 논문에서 상세하게 논의했다. 여기서 더욱 강조하고자 하는 문제는 셋째이다. 이 문제는 특히 아리스토텔레스 전통이 가질 수 있는 문제이다. 폴리스에 참여하지 못하는 오이코스 구성원들에 대해서도 관심을 가졌던 크세노폰에 비해 아리스토텔레스의 철학이 더욱 심각하게 함축하고 있는 문제이다.

셋째, 여유를 전제로 한 정치적 삶을 좋은 삶으로 규정할 경우 살림살이의 필요로부터 시작하는 좋은 삶을 경시할 수 있다.

앞서도 지적했듯이 아리스토텔레스는 살림살이에 참여하는 오이코스 구성원들의 삶에 대해 크세노폰에 비해 상대적으로 무관심했다. 그리고 교환술과 관련해서도 그것이 돈벌이 기술로 변질되는 것을 경계했을 뿐 실제로 교환이 이루어지는 공동체라 할 수 있는 마을(코메)에 대해 별다른 진술을 하지 않았다. 오이코스와 구별되는 마을에 대한 진술은 크세노폰에게서도 찾아보기 어려운 것으로 보아 고대 지중해 일대에서 마을은 그저 오이코스들을 합한 것 이상의 의미를 갖지 않았던 것으로 보인다. 그런데 오늘날 우리의 가족 혹은 가정은 더 이상 생산적인 경제 단위로 기능하지 않는다. 근대적 핵가족은 소비생활만 어느 정도 공유하는 단위이다. 경제 활동은 익명적 관계들이 지배적인 시장경제를 통해 이루어진다. 다음 절에서 다룰 헤겔의 용어를 빌자면 경제 활동의 중심 공간은 '시민사회'가 되었다. 근대 이후 시장경제 혹은 시민사회에서 사회적 관계는 더 이상 공동체의 성격을 갖지 않으며 자본주의적 경제 법칙이 지배적 영향력을 행사한다.

그런데 우리는 근대 이후 지금까지 자본주의적 경제체계에 맞서 살림 살이를 위한 공동체 역시 꾸준히 형성되어 왔다는 것에 주목할 필요가 있다. 이러한 공동체들은 오늘날 사회적경제, 협동조합, 마을공동체 등 다양한 이름을 갖고 있으며, 이것들은 아리스토텔레스가 경시했던 마을 (코메)에서 이루어지는 삶이라 할 수 있다. 근대 이후 자본주의 경제에서 소외된 사람들 혹은 자본주의적 삶에 저항하는 사람들은 자신들의 '좋은 삶'을 위해 꾸준히 이러한 코뮨 혹은 대항경제 혹은 살림공동체를 형성해 왔다. 이런 공동체들에서의 삶을 '좋은 삶'이라는 표현하기 위해서는 좋은 삶을 필요 충족과는 무관한 것, 여유를 전제로 한 것으로 보았던 아리스토텔레스적 관점과 결별해야 한다.

고대의 살림 기술이 '잉여'에 기초한 것이었다면 근대 경제학은 '부족' 혹은 '희소성'에 기초한 것이다. 근대적 삶의 이러한 팍팍함을 무소유 등의 담론으로 아무리 극복하려 한들, 오늘날 평범한 사람들 대부분은 부족으로 인해 힘겨워한다. 그래서 부족한 삶을 개선하기 위한 노력, 공동의 힘으로 살림살이를 개선하기 위한 노력 속에서 아리스토텔레스적 관점과는 다른 의미에서의 '좋은 삶'이 이루어지고 있다. 평범한 사람들이 참여하는 이성적 토론은 오늘날 정치적 공간에서보다 오히려 자활기업의 운영 회의에서, 혹은 협동조합의 총회와 이사회에서 더 활발하게 이루어진다. 그리고 아리스토텔레스가 폴리스에서 가능하다고 보았던 동등한 사람들 사이의 친애(philia)는 오늘날 국가와 지방정부의 공청회에서보다 공동육아 협동조합의 조합원들 간에, 그리고 마을공동체의 축제에서 만난 사람들 간에 더 활발하게 이루어진다. 부족의 문제를 해결하고 필요를 충족하기 위한 모임들에서 사람들은 더욱 이성적으로 토론하며, 더욱 깊은 우정을 나눈다. 그래서 좋은 삶은 이제 현대적 조건에서 재해석될 필요가 있다. 이에 관해서는 3장에서 논할 것이다.

## 3. 헤겔 공동체 이론의 한계

### 1) 계약론적 시민사회를 넘어선 인륜 공동체 이론

아리스토텔레스의 '코이노니아 폴리티케(koinōnia politikē)'는 키케로에 의해 라틴어 '소키에타스 키빌리스(societas civilis)'로 번역된 후 근세의 영어 '시민사회(civil society)'로 번역되었다. 그런데 상업과 무역이 발달한 17세기 영국에서는 국가 혹은 사회를 계약(contract)을 통해 성립되는 것으로 이해하는 정치철학이 등장한다. 이제 국가는 더 이상 자연 혹은 목적으로서 개인들에게 앞서는 것이 아니라 경제적 거래의 체결과 비슷한 것으로 간주된다.

계약론의 선구자인 홉스(Thomas Hobbes)는 국가를 개인들의 이익과 필요를 위한 인위적 도구로 간주한다. 그는 자연 상태에서 인간들은 사회적 동물이 아니라 오히려 반사회적 전쟁 상태에 놓여 있었다고 본다. 만인에 대한 만인의 전쟁상태에서 공포를 느끼던 그들은 자기보존을 위해 평화를 위한 규약들에 합의함으로써 비로소 사회 상태에 진입하게 된다. 그래서 매우 힘이 센 국가인 리바이어던(Leviathan)은 자연적인 것이 아니라 인공적이다. 『리바이어던』의 도입부에 홉스는 국가를 "인공인간(artificial man)"[15]이라고 부른다.

---

15 『리바이어던』의 introduction 첫 단락에 나오는 표현이다. Hobbes, Thomas. *Leviathan*, Oxford University Press, 1996, p.7.

홉스 이후의 여러 사회계약론들은 이렇게 힘이 센 인공물을 개인들이 어떻게 제어하고 견제할 것인지에 대한 논의로 이어진다. 그들에게 국가 혹은 시민사회는 '공동선(common good)' 혹은 '일반 의지(general will)'를 추구하는 것이었지만, 이미 그 '좋음(good)'은 아리스토텔레스적 전통의 좋은 삶이라기보다는 공통의 이익(interest)에 가까운 것이다.

18세기 말에 계약론이라는 발상을 가능하게 했던 시장경제는 자본주의적으로 발전해 정치로부터 뚜렷이 분화되기 시작한다. 경제는 그것의 지역공동체적 기반으로부터 벗어나 독자적인 법칙에 따라 굴러가는 체계로 자립화되며, 이를 더 이상 '가정경제'라는 말로 부르기에는 적합하지 않게 된다. 정치 경제(political economy), 국민 경제(national economy) 등이 이러한 상황을 고찰하는 새로운 학문 명칭이다.

이러한 시장경제의 자립화 상황에 대응하여 철학은 정치 경제학의 영역이 지배적인 계약론적 시민사회와 구별되는 보편적 공동체로서의 국가에 관한 고민을 시작한다. 이를 통해 시민사회로서의 국가와 좋은 삶을 위한 공동체 혹은 더 높은 수준의 윤리적 공동체로서의 국가를 구별하는 발상, 따라서 아리스토텔레스 전통의 근대적 변형이라 할 수 있는 발상이 등장한다. 인륜성(Sittlichkeit)을 가족, 시민사회, 국가의 세 단계로 설명하는 헤겔의 법철학이 대표적이다.

헤겔은 고대 헬라스의 인륜 공동체인 폴리스를 어떠한 갈등에 의해서도 더럽혀지지 않은 세계로 보지만 그것을 더 이상 근대적 자기의식 혹은 주관성을 담아낼 수 없는 것으로 간주한다. 그래서 법철학의 법(Recht)[16]

---

16 독일어에서 법을 뜻하는 Recht는 '옳은' 혹은 '오른쪽'이라는 뜻의 형용사 recht의 명사형이며, 복수 Rechte는 '권리'를 뜻한다. 그래서 헤겔의 법철학은 좁은 의미에서의 법철학이 아니라 옳음, 권리, 도덕, 윤리 등을 모두 포함하는 것, 오늘날 우리의 일상

은 그 기반 혹은 원리를 '자유 의지'에 둔다. 그런데 계약론에서 그러하듯이 자유 의지가 직접적이고 개별적으로 존재할 경우 그 의지는 개인의 소유 등 권리 보장에 머무를 뿐 공동체를 형성할 수 없다. 헤겔은 자유 의지의 이러한 단계를 '추상법'으로 규정한다. 그리고 헤겔은 자유 의지가 자기 내면으로 복귀하는 단계, 즉 칸트의 도덕철학에서 그러하듯이 주체가 양심에 따라 도덕 법칙을 지키는 단계를 '도덕'으로 규정한다. 헤겔은 세 번째 단계, 즉 자유 의지를 위한 도덕을 개인의 양심을 넘어서 집단과 제도를 통해 실현하는 단계를 '인륜성'으로 규정한다.

헤겔은 인륜성을 "자유의 이념"이자 "살아있는 좋음"이라고 규정한다 (§142).[17] 인륜성은 주관성에서 출발한 자유가 공동체를 통해 제대로 실현될 수 있다는 의미에서 '자유의 이념'이다. 그리고 이를 통해 헬라스에서 실현되었던 좋은 삶이 근대적 조건 아래서 현실적으로 구현될 수 있다는 의미에서 '살아있는 좋음'이다.

헤겔은 이러한 인륜성이 세 가지 계기를 통해 실현된다고 본다. 이 각 계기는 '공동체'라고도 불릴 수 있다. 그 첫 번째 계기는 "직접적 혹은 자연적인 인륜적 정신"인 '가족(Familie)'이다. 두 번째 계기는 직접적 실체성이 분열되어 자립적 개인들이 등장하지만 그들이 서로 의존하면서 "형식적 보편성"을 이루는 '시민사회(bürgerliche Gesellschaft)'이다. 마지막 세 번째 계기는 자유 의지가 형식적 보편성을 넘어서 "실체적 보편성"

---

용어로 말하자면 사회 질서 전반에 관한 철학이라고 볼 수 있다.

17  Hegel, G. W. F. *Grundlinien der Philosophie des Rechts*, Suhrkamp, 1986. 판본이 여러 가지이므로 책의 쪽수가 아니라 헤겔 저작들 고유의 단락 구별 방식인 §에 붙어있는 숫자로만 인용하겠다. 숫자 이후에 'Zu.'가 붙는 경우가 있는데, 이는 Zusatz(보충) 의 약자이다.

을 이룸으로써 인륜적 이념을 현실화하는 '국가(Staat)'이다(§157).

## 2) 가족: 사랑이 제도화된 공동체

헬라스의 오이코스는 기본적인 생존을 해결할 수 있는 경제 공동체였지만, 19세기 초 헤겔의 시대에 경제생활은 가정을 벗어나 시장경제의 직장생활을 통해 이루어지기 시작한다. 그리고 18세기까지 사랑은 주로 혼외관계 등 가정의 외부에서 이루어졌지만, 헤겔의 시대에는 미혼 남녀가 자유연애를 통해 결혼할 수 있게 된다. 프랑스 혁명 이후 배우자 선택에 대한 여성의 권리가 신장되고 조혼이 금지됨에 따라 결혼으로 완성되는 낭만적 사랑의 모델이 성립되었기 때문이다. 이에 따라 결혼은 가문의 재산이나 전통을 이어가야 하는 부담으로부터 점차 벗어나게 된다. 그래서 전통적 가정경제와 달리 부부와 그들의 자녀만으로 이루어진 근대적 핵가족이 탄생한다.

헤겔은 인륜성의 첫 번째 계기인 가족을 "감정을 갖는 통일성, 즉 사랑"(§158)으로 규정한다. 그에게 사랑은 18세기 연애소설에서 등장했던 불안정한 사랑, 즉 타자 속에서 자신을 잃어버리는 열정(Leidenschaft)[18]으로서의 사랑이 아니다. 열정적 사랑에서 사랑은 자기 상실과 과도함을 뜻했지만, 헤겔에게 사랑은 "타자 안에서 자기 곁에 있음"(§7 Zu.), 즉 타자 안에서도 자기를 잃어버리지 않는 것이다. 그래서 이런 사랑은 정

---

18 겪음, 수난, 고뇌 등의 의미도 함축하는 독일어 Leidenschaft는 수동적인 것에서 능동적인 것으로 그 의미가 바뀐 passion과 비슷한 의미를 갖는다. 17세기 중반에서 18세기 후반까지 연애소설들에서 등장하는 열정적 사랑의 과도함에 관해서는 니클라스 루만 지음, 정성훈 외 옮김, 『열정으로서의 사랑』, 새물결, 2009, '6장 열정-과도함의 수사학과 불안전성의 경험' 참조.

미라에 따르면 "인정의 중요한 계기인 자립성과 상호성을 함축"하기에 인륜적 세계의 토대가 될 수 있다.[19] 그리고 헤겔은 열정이 결혼보다 "낮은 단계의 것"이며 "결혼이 열정 때문에 방해받아서는 안 된다"(§163 Zu.)고 말한다. 헤겔의 시대에 널리 확산되고 있던 낭만적 사랑의 모델에 남아있던 불안정한 요소인 열정을 억누름으로써 사랑으로부터 인륜 공동체가 형성되는 길을 연 것이다.

또한 헤겔은 연애소설 『루친데(Lucinde)』를 쓴 낭만주의자 슐레겔(Friedrich Schlegel)과 그의 추종자들이 결혼식을 불필요하다고 본 견해에 맞서 사랑은 제도적 결혼을 통해 우연적 애착을 넘어설 수 있다고 말한다. 그래서 헤겔은 결혼이 자연적 생명 활동, 시민적 계약, 두 인격의 자유로운 동의, 우연적인 애착 등의 요소들을 갖고 있지만 그런 요소들 중 하나로 환원될 수 없다고 본다. 이런 요소들을 포괄하면서도 결혼은 우연성, 일시성, 주관성 등을 넘어서는 옳음이어야 하고 인륜성의 제도이어야 하는 것이다. 그래서 헤겔은 결혼을 "법적으로 인륜적인 사랑(rechtlich sittliche Liebe)"(§161 Zu.)이라고 규정한다.

헤겔은 양가 부모가 모르는 상태에서 형성된 애착을 비난하지는 않지만 양가 부모의 소개로 만나 서서히 애착이 깊어지면서 결혼에 이르는 사랑을 권장한다. 반면에 슐레겔의 아내가 되는 낭만주의자 도로테아는 첫 번째 남편과 이혼하기 위해 부모와 연을 끊은 후 슐레겔과 재혼했다.[20] 이들과 교류한 적이 있는 헤겔은 아마도 낭만주의자들의 과도하게

---

19 정미라, 「가족과 상호인정의 원리 - 헤겔의 인륜성 개념을 중심으로 -」, 『헤겔연구』 제49호, 2021, 29~30쪽.
20 도로테아 슐레겔(Dorothea Schlegel)의 아버지는 유대인 계몽 운동인 하스칼라(Haskalah)의 주도자인 모제스 멘델스존(Moses Mendelssohn)이다.

자유로운 사랑과 결혼이 법 혹은 인륜에 해를 미칠 수도 있다고 판단한
것으로 보인다. 그래서 '법적으로 인륜적인 사랑'은 사랑이 인륜 공동체
라는 끈을 끊어버리지 않도록 하는 의미심장한 규정이다. 물론 오늘날의
관점에서 보면 매우 보수주의적인 함의를 갖는다.

헤겔은 결혼이라는 법제도에 의해 시작되는 가족이 그 지속성과 안정
성을 보장받기 위해서는 재산이 있어야 하며, 그 재산은 부부가 각자 태
어난 가계나 가정으로부터 독립된 것, 즉 핵가족 고유의 재산이어야 한
다고 말한다(§172). 그리고 부부 사이의 사랑으로 태어난 자녀가 성년이
되어 가족이 해체될 때까지 교육하고 훈육해야 한다고 말한다. 그는 이
혼을 금지하지는 않지만 돌이킬 수 없는 불화에 대한 제3자의 판단에
의해서만 이혼이 이루어져야 한다고 보며, 자녀가 저마다 가정을 꾸릴
때 가족이 해체되는 것이 바람직하다고 본다.

가족은 당연히 다수의 가족들로 나뉘어 있으며, 전체로 보자면 서로
다르기에 헤겔은 "차이의 단계(die Stufe der Differenz)"(§181)가 등장한다
고 말한다. 그것이 바로 '시민사회'이다. 아리스토텔레스에게 여러 오이
코스들이 모인 곳은 오이코스와 질적으로 다르지 않은 마을이었고, 마을
들이 모인 곳은 좋은 삶을 위한 폴리스였다. 하지만 차이와 분열의 시대
인 근대에는 인격들이 각자의 특수성을 앞세우는 시민사회가 그 자리를
대체한다. 이제 생산과 교환, 그리고 그에 대한 법적 정치적 통제는 각자
가 자신의 특수한 욕망을 추구하는 익명적 질서인 시민사회에서 이루어
진다.

### 3) 시민사회:
### 욕구의 체계, 사법, 공공행정과 직능단체를 갖춘 필요국가

헤겔은 시민사회에 참여하는 개인을 "스스로가 특수한 목적으로 존재하는 구체적인 인격"이자 "온갖 욕망의 전체"(§182)라고 규정한다. 따라서 개인들이 자발적으로 인륜 공동체를 이룰 수 있는 보편성을 지향하는 것은 아니다. 그럼에도 그들은 각자의 이기적 목적을 달성하기 위해서는 시장경제의 분업 질서 속에서 타인에게 의존할 수밖에 없다. 내가 만든 것을 사줄 타인들이 필요하고 타인들이 만든 다양한 것들이 있어야 내 삶이 풍요롭기 때문이다. 무언가를 만드는 작업 과정에서도 이미 분업이 심화되던 시기였다. 그래서 헤겔은 시민사회에서 인격은 보편성에 의해 제약될 수밖에 없고 '필요'에 따라 의존하게 된다고 본다. 헤겔은 시민사회를 "필요국가 혹은 지성국가(Not-und Verstandestaat)"(§183)[21]라고도 부른다. 그의 시민사회는 시장경제로만 이루어진 것이 아니라 이를 위해 필요한 여러 정치적, 법적 제도들을 포괄하는 것이다. 소유를 보호하기 위한 사법제도, 빈곤을 비롯한 개인들의 특수한 복지를 배려하기 위한 공공행정과 직능단체 등도 시민사회에 포함된다.

헤겔은 인륜성의 두 번째 절인 시민사회를 다시 A. 욕구의 체계(System der Bedürfnisse), B. 사법(Rechtspflege), C. 공공행정(Polizei)[22]과 직능단체(Korporation)의 세 가지 계기로 나누어 설명한다. 개인은 노동을 통해 다른 사람들의 욕구를 충족하게 되고 자신의 욕구 충족을 위해 다른 사람

---

21 헤겔은 지성국가인 시민사회와 대비하여 국가(Staat)를 '이성국가'라고 부른다.
22 '경찰행정', '복지행정' 등으로 번역하기도 하지만 경찰과 복지는 Polizei의 일부 기능만 부각시키므로 보다 포괄적인 표현인 '공공행정'을 택했다.

들의 노동에 의존하게 된다. 이를 통해 형성되는 것이 '욕구의 체계'이다. 이 체계에 관한 헤겔의 서술 내용은 분업에 대한 당대의 정치경제학자들의 통찰과 크게 다르지 않다. 그리고 헤겔은 이 체계 안에서 소유라는 자유를 보장받기 위해서는 '사법(司法)'이 필요하다고 본다. 계약론적 추상법은 실정화된 법률로 공표되어야 하며, 이 법률에 따라 법원은 사법(私法) 영역과 형법(刑法) 영역에서 일어나는 분쟁을 중재해야 한다. 그래야만 개인들은 욕구의 체계 속에서 각자의 자유를 지킬 수 있기 때문이다. A와 B의 두 계기는 당대 자유주의자들의 최소국가론과 크게 다르지 않은 것이다.

헤겔은 여기서 한발 더 나아간다. 욕구의 체계에서 본질적인 규정은 복지(Wohl), 즉 잘 사는 것이다. 여기서 '복지'는 아리스토텔레스적 의미의 좋은 삶이 아니라 근대적 의미에서의 잘 먹고 잘 사는 것이라고 보아야 할 것이다. 그런데 다른 많은 사람들이 잘 산다 해도 내가 어떤 불운으로 인해 궁핍하다면 이 체계는 내게 불필요한 것이 된다. 그래서 헤겔은 시민사회에서는 "나의 특수한 복지 또한 증진되도록 요구할 권리"를 갖는다고 말한다(§229 Zu.). 이런 특수한 복지를 정당한 것으로 취급하고 실현하기 위해 헤겔은 시민사회 안에 공공행정과 직능단체가 필요하다고 본다.

헤겔은 공공행정이 범죄 퇴치를 비롯한 질서 유지 기능은 물론이고 상공업이 보편적 복지를 위협하지 않도록 감시하고 배려하는 등 일종의 경제적 간섭 혹은 개입도 해야 한다고 본다. 또한 공공행정은 가족이 해체되어 보호받지 못하는 경우도 고려해야 한다. 헤겔은 개인을 "시민사회의 아들"(§238)로 규정하면서 가족 없는 개인에 대한 공적 보호와 원조를 해야 한다고 말한다. 또한 시민사회는 "보편적 가족"(§239)의 성격을 가지므로 부모의 자의와 우연성을 배제하는 공교육을 실시하는 것도 공공행정의 임무이다.

헤겔은 토지를 기초로 자연적 생활을 하는 농민이나 보편적 관심사에 따라 공적 사안에 복무하는 관료와 달리 상공계층의 사람들은 특수한 욕구를 채우기 위해 직능단체를 형성해야 한다고 본다. 그리고 공권력은 이 직능단체들을 감독해야 한다고 말한다. 직능단체를 통해 시민들은 이기적 목적을 공동의 목적으로 발전시켜야 하며, 이 "두 번째 가족"(§252)을 통해 우연한 불행들에 대처할 수 있게 된다.

그런데 헤겔은 직능단체가 근대에 폐기되었다고 말하면서, 중세의 춘프트와 같은 자기들끼리의 폐쇄적 결사체를 부활시켜서는 안된다고 말한다(§255 Zu.). 그가 다시 필요하다고 보는 직능단체는 국가에 의해 위로부터의 감독을 받는 것이다. 그리고 그 대표자들은 신분의회의 구성에 참여해야 한다. 그래서 직능단체는 국가 속에 시민사회의 사적인 특수자가 뿌리내리는 역할을 하는 동시에 시민사회 속에 국가의 인륜적 뿌리를 심는 "이중적 역할" 혹은 "매개적 중심"이 된다.[23] 오늘날의 표현방식으로 바꾸자면 이익단체의 성격을 갖지만 관의 감독을 받고 직접 정치에도 참여하는 공익단체이자 정당인 것이다. 사랑이 인륜 공동체의 끈을 끊어버리지 않을까 두려워했던 헤겔은 자발적 결사체에 대해서도 더 큰 공동체와 끈끈하게 연결될 수 있도록 매개장치를 설정한 것이다.

---

23 이종철, 「헤겔의 『법철학』에서의 국가의 이중적 역할과 그 관계에 관한 연구」, 『헤겔연구』 제49호, 2021, 112쪽.

## 4) 국가: 현실 국가의 규범적 이념

헤겔의 시민사회는 오늘날 우리가 자본주의적 시장경제에서 심각해진 빈부격차와 불운으로 인한 사회적 배제의 문제를 완화할 수 있는 '사회적 국가' 혹은 '복지 국가'라고 부르는 것의 성격을 상당 부분 갖추고 있다. 그럼에도 헤겔은 특수한 자기의식으로부터 출발하는 시민사회와 구별되는 국가, 즉 "보편성으로 고양된 특수한 자기의식"이자 "실체적 의지의 현실성"인 이성국가를 인륜성의 세 번째 계기로 별도로 설정한다. 그리고 개인의 최고 의무를 "국가의 구성원이 되는 것"(§258)이라고 말한다.

헤겔은 국가를 다룬 절을 크게 A. 내부 국가법, B. 외부 국가법, C. 세계사로 나누고, 다시 내부 국가법을 내부 체제 자체와 대외주권으로 나눈다. 내부 체제는 다시 a. 군주권, b. 통치권, c. 입법권으로 구분된다. 국가 절에 담긴 내용들 중 논란이 많은 군주권을 제외하면, 상당 부분의 실질적 내용은 지성국가인 시민사회에 포함시킬 수도 있는 것들이다. 그래서 헤겔이 시민사회와 구별되는 별도의 계기로 국가를 설정한 것에 대해서는 파시즘의 뿌리라는 비판이 가해지기도 했으며, 형식적 시민사회와 구별되는 유기체적 국가관이라는 해석도 내려진다. 나는 시민사회와 구별되는 단계로서의 국가는 이념적인 것이라고 본다. 그래서 "시민사회가 근대 자유주의 경제 국가의 현실을 생생하게 그려냈다고 한다면, 고유한 의미의 국가는 이런 모순과 문제를 해결할 수 있는 규범적 차원의 국가를 제시한 것으로 볼 수 있다"[24]는 이종철의 평가에 동의한다. 시민사회가 현실적 국가라면, 국가는 당위적이고 이념적인 국가이다.

---

24 이종철, 위의 논문, 120쪽.

그런데 시민사회의 내용에 공공행정 및 직능단체 외에도 오늘날 실현된 여러 사회보장제도들을 추가하고 입법, 외교, 국방 등에 해당하는 것들을 추가한다면, 시민사회는 근대 자유주의 국가를 보완하는 오늘날의 사회적 국가와 크게 다르지 않은 현실적 국가일 수 있다. '규범적 차원'은 결국 애국심 등 이념적 측면이며, 이는 국가에 대한 개인들의 마음가짐에 대한 서술에 불과할지도 모른다.

## 5) 헤겔 인륜 공동체 이론의 한계

결혼한 부부와 그들의 자녀들로 이루어진 제도적 가족들 중에는 오늘날 더 이상 공동체라 불리기 어려운 경우가 많다. 배우자에 대한 경제적 의존, 재산 분할의 어려움 등으로 인해 결혼 상태를 지속하는 사람들, 가족을 떠나고 싶지만 분가할 수 있는 자립을 이루지 못해 얹혀사는 사람들도 많다. 심지어 가정 폭력에 시달리는 경우도 있다. 물론 여전히 서로를 사랑하는 감정적–자연적 공동체라 불릴 수 있는 가족들도 많이 있을 것이다. 하지만 이른바 '정상 가족'을 강요하는 법적–제도적 틀은 오히려 실질적인 공동체 형성에 방해가 되기도 한다. 동성커플, 성관계와 무관한 동거집단, 마을을 통해 공동의 돌봄을 추구하는 경우 등 제도적 가족과는 별개로 공동체라 불릴 수 있는 전인격적 관계를 맺고 지속하는 경우들이 늘어나고 있는 상황에서 근대적 핵가족을 모델로 한 정상 가족은 배제와 억압의 효과를 갖는다. 특히 아직 동반자 관계조차 법제화되지 못한 한국에서는 더욱 그러하다. 그래서 결혼과 혈연을 강조하는 헤겔의 가족 개념은 다양한 자발적 공동체의 형성에 오히려 장애가 될 수 있다.[25]

시민사회와 구별되는 인륜성의 계기로서의 국가에 대해서는 이미 마르크스를 비롯한 수많은 후대의 철학자들이 비판해왔으며 오늘날 헤겔식 국가공동체를 추구하는 사람은 별로 없는 것으로 보인다. 그래서 여기서는 이성국가에 대해서는 다루지 않겠다. 여기서는 헤겔의 시민사회 개념에 오늘날 경제, 정치, 법, 복지, 교육 등으로 분화되어 있는 기능 영역들이 모두 포함되어 있다는 것, 그리고 이런 기능 영역으로 환원될 수 없는 일종의 맞-기능(counter-function) 영역,[26] 내가 '살림공동체'라고 명명했던 영역[27]도 포함되어 있다는 것을 지적하고자 한다. 그리고 오늘날 우리는 더 이상 이렇게 다양한 영역들을 '시민사회'라는 모호하고 포괄적인 개념으로 지칭하는 것은 곤란하다고 본다.

헤겔이 공공행정에서 서술한 내용들을 루만(Niklas Luhmann)의 기능체계 이론에 따라 분류해보자면, 오늘날 사법부를 정점으로 하여 합법/불법 코드에 따라 작동하는 법체계, 선거 프로그램을 통해 획득한 권력 우세를 기초로 치안 유지와 여러 복지 정책들을 펼치는 정치체계와 그 하위의 여러 행정 조직들, 그리고 사회의 다른 영역들에게 경력을 제공하는 기능을 하는 교육체계 등으로 이루어져 있다. 또한 다른 기능체계들에 의존하면서 도움/돕지 않음의 코드로 분화되기 시작한 사회적 원조체계도 포함된다고 볼 수 있다.

헤겔이 직능단체라 부른 것은 오늘날 경제체계 안에서도 여러 영역들로 나뉘어 있다고 볼 수 있다. 그것은 경제 조직인 기업들과 그것들의 연합체로도 볼 수 있고, 기업의 사용자들에 맞서기도 하고 협상하기도

---

25  오늘날에 적합한 가족 개념과 그것의 확장 가능성에 관한 나의 견해는 2장을 보라.
26  맞-기능에 관해서는 3장에서 설명할 것이다.
27  정성훈 외, 『협동과 포용의 살림공동체: 이론, 역사, 인천 사례』, 보고사, 2019.

하는 노동조합들과 그것들의 연합체로도 볼 수 있다. 또한 주류 경제 영역 바깥에서 형성되는 사회적 기업, 자활기업, 협동조합 등과 그것들의 연합체도 해당될 수 있다. 이 중에서 노동조합들과 사회적 경제 조직들은 어느 정도 공동체라 불릴 수 있는 성격을 갖고 있다. 나는 익명적 역할을 기초로 한 조직들과 구별되는 공동체의 특징을 전인격에 방향을 맞춘 소통들의 연관으로 본다.[28] 이 관점에 따르면, 이런 조직들에서는 역할 분담에 따른 공식적 질서에 따른 소통들 외에도 전인격적 소통들이 활발하게 이루어지는 경향이 있기 때문이다. 특히 사회적 경제 조직들은 경제라는 기능체계에 대한 맞−기능 공동체의 성격을 갖는다.

---

28  이에 관해서는 2장과 3장에서 설명할 것이다.

# 2장

# 루만의 가족 개념과
# 공동체 이론으로의 확장

## 1. 도입

자유로운 사랑으로 결혼한 성인 남녀와 그들이 낳은 아이(들)로 이루어져 있고 사회의 다른 영역들로부터의 고립성을 가진 근대적 핵가족 모델은 한때 진보적인 의의를 가졌다. 하지만 그것은 이제 '가족' 혹은 '가족 같은' 등으로 불리고 있는 수많은 관계들, 예를 들어 동성 커플 가족, 이혼과 재혼으로 나타난 복합가족, 성애와 무관한 동거자들에 의해 생성된 가족 등등을 배제하고 있다. 그리고 결혼과 혈연을 중시하는 '정상(normal)가족' 규범은 다양한 가족들을 비정상으로 간주하고 억압한다.

특히 한국에서는 호주제가 폐지되었음에도 민법이 가족의 범위를 "1. 배우자, 직계혈족 및 형제자매, 2. 직계혈족의 배우자, 배우자의 직계혈족 및 배우자의 형제자매"[1]로 제한함으로써 낡은 혈연가족 관념을 재생산하고 있다. 그리고 건강가정기본법은 '입양'을 추가하여 가족을 "혼인·혈연·입양으로 이루어진 사회의 기본단위"[2]로 규정하고 있다. 대부분의 법률들이 이러한 가족 규정을 준용하고 있기 때문에 이러한 범위를 벗어나는 실질적인 가족적 관계들은 가족으로서의 법적·제도적 혜택을 받지 못하고 있다.[3]

이미 2005년에 국가인권위원회가 "건강가정기본법에 대한 권고"를 통해 다양한 가족형태를 포괄할 수 있도록 가족의 정의를 수정할 것을 권고하였고, 최근 여성가족부는 민법의 가족 범위를 삭제하는 것을 검토하고 있다. 그리고 2014년부터 지금까지 여러 차례 일부 국회의원들이 생활동반자법을 발의하였으며, 가족을 구성할 권리를 요구하는 사람들의 목소리도 높아지고 있다.[4]

이러한 상황에서 한국의 사회학자들과 철학자들은 해외의 여러 연구들을 참조하여 근대적 가족 모델에 대한 비판을 넘어서 대안적 개념화를 시도하고 있다. 2절에서는 그런 제안들 중 설득력이 높은 네 가지를 골라 검토한 후 그것들이 '가족' 혹은 '가족적인 것'에 대해 뚜렷이 규정하고 있지 못함을 밝힐 것이다. 3절에서는 가족을 전인격에 방향을 맞춘 소통들로 이루어진 사회적 체계로 규정한 니클라스 루만(Niklas Luhmann)의 가족 개념이 그 공백을 메우는 데 도움을 줄 수 있음을 보여줄 것이다. 4절에서는 가족의 기능에 대한 루만의 견해를 그의 기능체계 개념에 대

---

1 제2호의 경우 생계를 같이 하는 경우에 한한 것이다. 민법 제779조(가족의 범위) 제1항 참조.
2 건강가정기본법 제3조(정의) 제1호.
3 가족구성권연구소, 『법이 호명하는 가족의 의미와 한계』, 청년허브, 2021, 6~29쪽.
4 가족구성권연구소, 위의 책, 66~68쪽.

한 재해석 작업을 거쳐 소개할 것이다. 결론에 해당하는 5절에서는 루만의 가족 개념이 가족의 현실을 설명하는 데서 갖는 약점 두 가지를 짚어볼 것이다. 그리고 이 약점들이 가족 이후의 공동체들의 이론을 정립하는 데 도움을 줄 수 있음을 밝힐 것이다.

## 2. 대안적 가족 개념을 위한 제안들이 가진 한계

일찍이 가부장제 비판에서 시작해 정상가족 관념 및 건강가족 관념에 대한 비판을 주도해온 여성학자이자 사회학자인 이재경은 그런 관념들에 대한 대항담론으로 확산되어온 '가족 다양성' 담론이 한계를 갖고 있다고 본다. 다양성 담론은 상이한 형태의 가족을 핵가족을 기준으로 한 변이현상으로 간주하기 때문에 그 의도와 무관하게 정상가족 관념에 의존하게 된다. 그래서 이재경은 대안적 개념으로 "가족 유연성(flexibility)"을 제안한다. 가족을 하나의 '단위(unit)'가 아닌 '경로(pathway)'의 역동성에 주목하여 유연하게 파악하자는 것이다.[5]

사회학자 김혜경은 영국 가족사회학자 모건(David Morgan)과 핀치(Janet Finch)의 연구를 참조하여 가족을 명사적으로 접근하지 말고 "동사적 행함(doing)과 시연(diplaying)의 결과"로 설명할 것을 제안한다.[6] '단위'와 '명사'에 대한 거부는 가족을 특정한 법적 혹은 생물학적 관계의

5  이재경, 「가부장제 이후의 한국 가족 - 정상성에서 유연성으로 -」, 『한국문화연구』 29, 2015, 286~287쪽.
6  김혜경, 「가족구조에서 가족실행으로: 가족실천과 가족시연 개념을 통한 가족연구의 대안 모색」, 『한국사회학』 53.3, 2019, 217쪽.

구성원들로 이루어진 고정된 실체에 대한 거부이다. 그리고 유연성은 '행함'과 '시연'의 '경로'를 통해 가능하다. 따라서 이재경과 김혜경의 제안은 다른 개념들을 사용할 뿐 그 함의는 비슷하다고 볼 수 있다. 다만 김혜경이 참조하고 있는 영국 사회학자 모건(David Morgan)은 자신의 저서에서 '가족(family)'을 "명사로서가 아니라 형용사로서 사용"하겠다고 말한다.[7] 이는 고정된 단위 혹은 실체로서의 가족 개념을 거부하되, family practice, family doing, family displaying 등의 사례처럼 가족을 그 뒤에 나오는 동사들의 성격을 규정하는 형용사로 사용함으로써 그 동사들에 의해 형성되는 관계들의 성격을 제한하려는 것이다. 모건이 그의 책에서 돌봄, 몸, 시간과 공간, 음식, 집 등을 차례로 검토하는 것으로 볼 때, 이것들과 관련된 형용사가 '가족'인 것으로 보인다. 하지만 그가 이것들을 아우르는 형용사 가족에 대한 보다 일반적인 규정을 내리고 있지는 않다.

가족을 결혼, 출생, 입양 등 몇 가지 제한된 결합 방식에 의해 가능한 명사적 단위로 규정하는 것에 반대한다는 점에서 이들의 제안은 타당하다. 하지만 이들의 제안에는 가족을 형성하는 경로 혹은 행함을 다른 종류의 경로나 행함으로부터 구별할 수 있는 규정이 결여되어 있다. 가족 유연성 개념은 가족으로 불릴 수 있는 역동적 경로와 취미 동호회를 형성하는 경로를 구별할 수 있는 기준을 제시하지 못한다. 그래서 '가족 유연성'의 '가족' 역시 '가족 다양성'의 '가족'과 마찬가지로 근대적 핵가족의 모델을 연상시킬 수밖에 없으며, 제안자의 의도와 달리 다시 정상가족 관념에 의존할 가능성이 열린다. 예를 들어, 김혜경이 참조한 모건은 가

---

7  모건, 데이비드. 『가족의 탐구』, 이학사, 2012, 24쪽.

족 시연의 사례로 크리스마스를 함께 보내는 것을 든다.[8] 그런데 이 사례
는 범기독교 문화권의 핵가족을 먼저 떠올리게 한다. 그리고 다양한 사
례들 중 하나로만 고려한다 하더라도, 이 사례는 회사 직원들끼리 여는
크리스마스 파티와 가족적인 크리스마스 파티를 구별할 기준을 제시하
지 못한다.

두 사회학자의 제안이 근대적 핵가족중심주의의 해체라는 전세계적
추세에 조응하는 대안의 제시라면, 철학자 권용혁은 한국형 가족주의에
대한 역사적, 성찰적 파악과 재구조화를 주장한다. 그는 한편으로는 한
국 가족주의 변천사에 대한 고찰을 통해 한국전쟁 등의 영향으로 한국의
근대가 개인의 승리라기보다 가족의 승리였기에 한국의 가족주의가 개
인의 우위로 해체되지는 않을 것이고 앞으로 20년 이상 핵가족이 건재할
것이라 전망한다. 다른 한편으로 권용혁은 "일차적, 기초적 물질 중심
가족주의"에서 "이차적, 비물질적, 수평적 네트워크형 가치 중심 가족주
의"로의 이동이 이루어지고 있으며, 이 과정에서 가족 구성원의 자유와
자아실현이 보장되는 방향으로의 변화가 일어날 것으로 전망한다.[9] 그리
고 한국 가족주의의 역사 속에서 성립된 "친밀성과 연대성의 호혜적 조
합"을 성찰적으로 재구조화할 경우, 위에서 언급한 변화가 폐쇄적 핵가
족을 넘어설 수 있다고 전망한다. 그는 "관계적, 실체적 귀속성도 강하고
관계적 네트워크형 확장성도 강한 열린 공동체주의적 연대성"을 구성할
수 있다고 주장한다.[10] 따라서 그의 '열린 공동체주의'는 근대적 핵가족
이 다수인 한국적 상황이 쉽게 바뀌기 어려운 상황에서도 그 밖의 여러

---

8  모건, 데이비드. 위의 책, 292쪽.
9  권용혁, 『가족과 근대성』, 이학사, 2021, 167~170쪽.
10  권용혁, 위의 책, 188~191쪽.

가족적 관계들을 가족으로 간주할 수 있게 하는 제안이다.

그런데 이 제안의 문제는 권용혁이 말하는 '열림'의 범위가 너무 넓다는 것이다. 다른 종류의 열린 공동체들과 구별되는 열린 '가족'적 공동체를 규정하기 위한 개념으로 그가 활용하는 것은 '친밀성'과 '연대성'이다. 그런데 그는 태안 기름유출 사고 당시의 자발적인 시민 참여와 연대 등을 사례로 들면서 친밀성과 연대성의 조합이 이를 수 있는 공동체를 "국가를 넘어 세계로까지" 확장하고 있다.[11] 나는 기존의 물질 중심 폐쇄적 가족을 넘어서 더 열린 공동체를 지향해야 한다는 그의 주장에는 동의한다. 하지만 그가 열린 가족적 공동체를 국가 등의 거대한 상상된 공동체들로부터 구별할 기준을 제시하고 있지 않다는 점, 즉 '가족적'인 것을 분명히 규정하지 않고 있다는 점에 대해서는 아쉬움을 느낀다.

그에 반해 철학자 류도향은 가족 재구조화 원리로 널리 쓰이는 서양의 친밀성 개념이 "개인의 실존적 느낌에 기반한 정신화된 공동체성"을 내포하고 있으며, 이로 인해 20세기에 친밀성이 경제적 교환 관계로 변모해 "차가운 친밀관계"를 조장할 수 있음을 지적한다.[12] 이러한 지적은 친밀성 개념에 기초해 가족적 공동체의 범위를 과도하게 넓히는 경향을 어느 정도 차단할 수 있다. 류도향은 이재경, 김혜경과 마찬가지로 명사화되고 사물화된 '가족' 개념에 반대한다. 하지만 그들과 달리 명사를 동사로 대체하는 것이 아니라 형용사 "가족적인 것(the familial)"을 방법적 개념으로 사용한다. 그리고 가족적인 것을 규정하기 위해 친밀성 대신 그가 제안하는 가족 확장의 원리는 "신체매개적 공동체성"과 "미메시

11  권용혁, 위의 책, 193쪽.
12  류도향, 「가족적인 것의 확장: 유사성과 차이성」, 『인문사회과학연구』 21.1, 2020, 476~477쪽. .

스적 태도"이다.[13] 그에 따르면, 고통, 질병, 충동, 동물성 등 신체를 매
개로 드러나는 인간의 취약함을 마주할 때 출현하는 공통성을 기초로
유사성과 차이성의 변증법이라 할 수 있는 미메시스적 태도로 타인에게
접근하는 것이 '가족적인 것'이다.

　류도향의 제안은 다양한 관계들을 가족적 공동체로 파악할 수 있게
할 뿐 아니라 미메시스적 태도라는 일종의 관계맺기 규범을 제시한다는
점에서 뛰어난 것이다. 그런데 '신체매개'라는 규정은 오늘날 이주 등으
로 인해 신체적으로는 떨어져 있지만 꾸준히 전자 소통을 이어나가는
원격 가족을 가족적인 것에 포함하기 어렵다. 그리고 신체를 매개로 한
'돌봄'을 가족의 주된 기능으로 설정하게 할 우려가 있다. 돌봄에 대한
사회의 공동 책임을 강화하고자 하는 '사회적 돌봄(social care)'의 문제의
식에서 보았을 때, 돌봄 중심의 가족관은 극복될 필요가 있기 때문이다.

　대안적 가족 개념을 위한 위의 네 가지 제안들은 공통적으로 결혼,
혈연 등 특정한 관계들에만 한정된 명사적 가족 개념 혹은 닫히고 고정된
가족 개념을 거부한다. 그리고 가족적 관계 혹은 공동체 형성의 경로,
동학, 태도 등을 강조한다. 그런데 다른 관계 혹은 다른 공동체와 구별되
는 가족 혹은 가족적인 것에 대한 규정 방식에서는 이재경과 권용혁의
경우엔 불분명하며, 김혜경과 류도향의 경우 시연 모델이나 신체성을
강조함으로써 자칫 일부 가족 형태를 빠뜨려버릴 위험을 내포하고 있다.

　나는 새로운 가족 개념을 위해 필요한 다양성, 유연성, 역동성 등을
갖추고 있되, 보다 뚜렷하고 일반적인 가족 규정을 통해 가족적 공동체
와 다른 종류의 공동체들을 구별할 수 있는 기준을 제시하고 있는 가족

---

13　류도향, 위의 글, 477~85쪽.

개념을 찾아야 한다고 본다. 이를 위해서는 무엇보다도 가족적 공동체의
닫힘과 열림을 동시에 설명할 수 있는 이론이 필요하다. 가족과 가족 아
닌 것의 경계를 밝힐 수 있되 가족을 특정 모델로 실체화하지 않는 가족
개념이 필요하다. 루만은 가족을 인격에 방향을 맞춘 소통들을 통해 작
동상 닫힌 하나의 사회적 체계로 규정하지만, 그 소통들을 특정 결합방
식 혹은 특정 관계로 제한하지 않는다. 이 점에서 새로운 가족 개념의
모색을 위한 하나의 유력한 후보로 검토해볼 만하다.

## 3. 루만의 가족 개념:
### 전인격에 방향을 맞춘 무절제한 소통들로 이루어진 사회적 체계

  루만의 이론적 관심이 근대적 핵가족 관념을 넘어선 대안적 가족 개념
을 제시하는 것은 아니다. 그의 이론적 관심은 기능적으로 분화된 현대
사회에서 전체사회적 차원에서 볼 때 필수적이지 않은 가족들이 왜 뚜렷
하게 분화된 체계들로서 나름의 기능을 갖고 계속 생겨나는가이다. 그럼
에도 사회 속에 둘러싸여 있는 사회적 체계인 가족이 어떻게 폐쇄성을
가질 수 있는지에 대한 그의 설명과 전통적 기능들을 상실한 가족들이
어떤 기능에 집중하게 되는지에 대한 그의 탐구는 핵가족으로 제한되지
않는 보다 일반적인 가족 개념을 제공해주며, 이 개념은 공동체 이론으
로 확장될 수 있다.

  루만은 사회적 체계들의 일반 이론을 정립한 저작 『사회적 체계들
(Soziale Systeme)』에서 모든 사회적 체계들을 이루는 요소들은 인간들이
나 행위들이 아니라 소통들(communications)임을 밝혔다.[14] 그는 인간의

유기체는 물론이고 인간의 의식, 즉 심리적 체계도 사회적인 것일 수 없다고 보았다. 몸 상태의 변화나 생각의 변화가 그 자체로 사회적 영향을 미친다고는 볼 수는 없기 때문이다. 그 변화에 관한 소통이 이루어져야 비로소 사회적인 것이 된다. 루만은 둘 이상의 인간들에 의해 이루어지는 정보(Information), 통지(Mitteilung), 이해(Verstehen)의 세 가지 선택에 의해 소통이 성립한다고 보며, 사회적 체계들은 소통들의 자기지시(self-reference)적 재생산에 의해 성립한다. 이때 사회적 체계들에서 소통의 주소지로 간주되는 인간을 루만은 몸이나 의식과 구별하여 '인격(person)'이라고 부른다. 인격들은 "다른 심리적 체계들이나 사회적 체계들로부터 관찰되는 심리적 체계들"[15]이다. 따라서 인격들은 사회적 기대 구조 속에 놓여있는 인간들이다.

루만은 1990년에 출간된 논문집 『사회학적 계몽 제5권(Soziologiesche Aufklärung 5)』에 실린 논문 "사회적 체계 가족(Sozialsystem Familie)"에서 가족들 역시 "소통들로 이루어지며 오직 소통들로만 이루어지지, 인간들이나 인간들 간의 '관계들'로 이루어지지 않는" 자기생산적 체계들로 규정한다.[16] 따라서 가족은 그 구성원으로 규정되는 인간들의 특징이나 부

---

14 Luhmann, Niklas. *Soziale Systeme – Grundriß einer allgemeinen Theorie*, Frankfurt/M.: Suhrkamp, 1984, p.192~241. 루만의 소통 개념을 소개한 한국어로 된 여러 문헌들이 있으므로 자세한 설명은 생략한다. 게오르그 크네어·아민 낫세이, 『니클라스 루만으로의 초대』, 갈무리; 김성재, 『체계이론과 커뮤니케이션』, 커뮤니케이션북스; 마르고트 베르크하우스, 『쉽게 읽는 루만』, 한울 등을 참조하라.

15 Luhmann, 위의 책, p.155.

16 Luhmann, Niklas. "Sozialsystem Familie", *Soziologiesche Aufklärung 5*, VS Verlag für Sozialwissenschaften, 2005(제3판, 초판은 1990), p.190. 아래의 서술에서 자주 인용될 이 논문의 쪽 수를 표기할 때는 괄호 안에 SF로 약칭하고 쪽 수의 숫자만 덧붙이겠다.

부관계, 부모-자식 관계 등 특정한 관계들을 통해 규정될 수 없고 다른 종류의 소통들과 구별되는 가족적 소통들을 통해서만 규정될 수 있다. 가족이라는 사회적 체계를 이루는 소통의 특징에 대한 루만의 설명은 조금 뒤에 살펴보고, 여기서는 우선 가족을 소통들로 이루어진 사회적 체계로 간주하는 것이 새로운 가족 개념을 위해 갖는 장점 몇 가지를 밝혀보겠다.

첫째, 소통은 공간을 차지하는 물리화학적 단위가 아니다. 따라서 가족 구성원들이 같은 공간에 거주하느냐, 가까이 살면서 자주 방문하느냐 등과 무관한 가족 개념을 가능하게 한다. 이미 가족은 법적 가구 개념과 분리된지 오래이며 원격 소통들을 통해서도 유지 가능한 개념이 되었다. 또한 같은 거주지에 사는 사람들이 하나의 가족이 아닐 수도 있다.

둘째, 가족 구성원들의 생물학적 유사성을 고려할 필요가 없다. 소통은 인간의 유기체(생명 체계)를 이루는 요소가 아니기 때문에 가족을 이루는 친밀관계의 파트너들 사이에 성적 접촉의 유무나 빈도와 무관한 가족 개념을 허락한다. 아이들을 포함하는 가족의 경우 그들이 그들을 돌보는 어른들과 같은 혈통을 갖고 있느냐의 여부도 가족 개념과 무관해진다.

셋째, 가족 구성원들의 변화무쌍한 심리적 상태를 고려할 필요가 없다. 그들이 진심으로 서로를 사랑하며 아끼고 있느냐의 여부는 시점마다 달라질 수 있다. 그래서 심리적 친밀성을 기준으로 가족을 규정할 경우, 가족은 해체와 재결합을 끊임없이 반복할 것이다. 반면에 소통의 성격을 가족적(자기)/비가족적(타자)으로 구별해 가족적 소통들의 자기지시적 체계로 가족을 이해한다면, 개별 의식들의 심리 상태로부터 비교적 자유로운 가족 개념이 성립한다.

넷째, 법적-제도적 규정으로부터 자유로운 가족 개념이 가능하다. 가족이라는 사회적 체계를 이루는 소통의 성격은 법적일 수도 정치적일 수도 없다. 합법과 불법을 코드로 하는 법적 소통은 법체계에 속하고 통치와 반대를 코드로 하는 정치적 소통은 정치체계에 속한다. 가족은 오직 가족적 성격을 갖는 고유한 소통들을 통해 하나의 자기생산적 체계를 이루기에 가족 외부의 사회적 체계들이 그 가족을 어떻게 규정하든지 하나의 가족일 수 있다.

그런데 루만의 사회이론에 따르면, 소통들의 연관인 사회적 체계들은 모든 소통들을 포괄하는 사회적 체계인 '사회(Gesellschaft)' 속에 있다.[17] 따라서 사회 안에서 이루어지는 사회적 체계들의 작동들(operations)은 동시에 사회의 작동들이다. 그래서 사회적 체계들은 사회에 포괄됨과 동시에 그 고유한 작동들을 다른 종류의 작동들로부터 구별할 수 있어야 한다. 루만은 이를 닫힘(Schließung)과 포괄됨(Einschließung)을 동시에 이루는 것, 혹은 환경에 대한 의존성으로 인한 자족성(Autarkie)의 희생을 댓가로 자율성(Autonomie)을 획득하는 것이라고 말한다(SF190).

그렇다면 사회적 체계로서의 가족은 어떻게 사회 속에 포괄되면서도 작동상의 닫힘을 실현하는가? 루만은 포괄됨과 닫힘을 동시에 이루기 위해서는 체계가 자기 자신을 사회라는 환경 속의 체계로 관찰할 수 있어야 하며, 이를 위해서는 구별을 구별을 통해 구별된 것 안으로 재진입(re-entry)시킬 수 있어야 한다고 말한다. 구별의 '재진입'이란 작동상에서의 구별인 체계와 환경의 차이가 체계 내부에서 다시 이루어진다는 것을 뜻한다. 체계는 자기 자신의 작동으로는 경계를 넘어 외부와 직접

---

17 루만의 사회 개념과 이를 둘러싼 논란에 관해서는 정성훈, 「루만의 사회이론에서 체계 이론의 상대화」, 『철학연구』 제127집, 2019 참조.

접촉할 수 없기 때문에 내부에서 내부와 외부의 차이를 이용해 자기와 타자를 관찰한다. 이러한 재진입을 통해 체계는 작동상의 닫힘과 외부와의 간접 접촉을 동시에 달성한다. 루만이 다른 저작들에서 다룬 사회의 기능체계들은 이러한 재진입을 고유한 코드를 통해, 예를 들어 경제는 소유/비소유 혹은 지불/비지불의 차이를 이용해, 정치는 권력우세/권력열세 혹은 여당/야당의 차이를 이용해 달성한다.

그렇다면 가족이라는 사회적 체계에서 이러한 재진입은 어떻게 이루어지는가? 루만은 "인격들에 맞춰 실행"된다고 답한다. 인격들의 외부적 행동과 내부적 행동이 모두 내부적으로 유관한 것이 되는 사회적 체계가 가족이다. 그래서 "가족과 관련이 없는 행동 또한 가족에서는 인격에게 귀속되며 정당한 소통 주제를 형성"(SF192)한다. 가족 안에서의 행동에 대한 칭찬이나 비난뿐만 아니라 회사 생활, 학교 생활 등 가족 바깥에서 이루어진 행동에 대한 관심이나 간섭이 소통의 주제가 된다. 심지어 해당 인격이 말하기 싫어하는데도 캐묻는 일이 가족 안에서는 간혹 일어난다. 물론 회사, 학교 등의 조직들과 같은 다른 사회적 체계들에서도 때로는 인격의 역할 수행(내부적 행동)뿐 아니라 외부적 행동이 소통의 주제가 되기도 한다. 그리고 가족 안에서도 어른들끼리 혹은 특정 사안에 대해 어느 정도의 비밀 유지가 있을 수 있음을 루만은 인정한다. 하지만 조직들에서는 제한된 범위 안에서만 외부적 행동이 소통에서 다루어질 수 있으며 주제가 되는 해당 인격이 거절할 경우 계속 더 캐묻는 일은 정당화되기 어렵다. 반면에 가족 안에서는 어느 정도의 소통 거부가 있을 수 있지만 "비밀 유지가 정당한 지위를 가질 수는 없다"(SF192).

이에 대한 사례를 내가 들어보자면, 회사 업무를 위해 만난 사람이 내게 결혼 여부를 물을 때 답변을 거부하는 일은 별 문제가 되지 않고

오히려 그 사람이 부적절한 질문을 한 것으로 간주될 수 있다. 반면에
오랫동안 만나지 못했던 형제가 내게 결혼 여부를 물을 때 답변을 거부하
는 것은 정당화되기 어렵다. 그러한 답변 거부는 우리가 더 이상 가족이
아님을 입증하는 것일 수도 있다. 너무 많은 비밀과 너무 잦은 소통 거부
가 가족을 해체시킬 수 있다는 점, 그럼에도 유지되는 법적-제도적 가족
을 가족같지 않다고 평가한다는 점에서 가족적 소통의 특징에 대한 루만
의 서술은 설득력이 높다.

가족에 대한 루만의 체계이론적 연구의 중간 결론은 "하나의 인격과
관련된 모든 것이 소통될 수 있도록 만드는 사회적 체계", "절제되지 않
는 소통을 갖춘 체계(System mit enthemmter Kommunikation)"(SF194)이다.
내부적 행동은 물론이고 외부적 행동까지 포함한 '전인격(Vollperson, full
person)'[18]에 초점을 맞춘다는 점에서 가족은 루만이 가족 연구에 앞서
1982년 저작『열정으로서의 사랑(Liebe als Passion)』에서 다루었던 친밀
관계들과 비슷하다. 익명적 성격이 강하며 역할에만 초점을 맞추는 다른
사회적 체계들과 달리 연애를 비롯한 친밀관계들은 파트너의 고유한 세
계 전체, 즉 전인격에 초점을 맞춘 밀도 높은 소통이 이루어지는 관계이
다. 그래서 현대 사회에서 뚜렷하게 분화된 사회적 체계일 수 있다. 그런
데 가족에 관한 논문은 물론이고 다른 곳에서도 루만은 친밀관계와 가족

---

18  현대 사회에서 인격들에 관한 소통은 대부분의 경우 한 인격이 가진 일부분에만 방향
을 맞춘다. 학교에서 선생님은 그가 수업시간에 어떻게 가르치는지에 대해, 회사에서
직원은 그가 업무를 어떻게 처리하는지에 대해 주로 소통이 이루어진다. 그의 삶의
다른 측면들, 예를 들어 연애, 가정사, 취미 등에 관해서도 때로는 소통들이 이루어지
지만, 그것은 그가 허락할 때만 가능하다. '전인격'이라는 표현은 그런 일부 측면만이
아니라 그가 사회적 인간으로서 가진 모든 측면에 대해 소통을 통해 접근이 가능하다
는 것을 표현하는 말이다. '인격으로서의 모든 측면' 혹은 '한 인간이 가진 모든 사회적
측면' 정도로 이해하면 된다.

의 차이에 관해서는 제대로 논하지 않은 것으로 보인다.[19]

"절제되지 않는 소통"을 언급한 후 루만이 가족 생활의 역설과 그에 따른 병리학 및 치료에 관해 언급하는 것을 볼 때, 친밀관계 연구에서와 달리 가족 연구에서 루만은 전인격에 방향을 맞춘 소통들이 이루어지는 사회적 체계가 인간에게 제공하는 행운만이 아니라 불운도 동시에 강조한다는 것을 알 수 있다. 루만은 친밀관계의 뚜렷한 분화를 가능하게 한 열정(passion)의 의미론이 "쓰라린 사랑"과 같은 역설에 의존했음을 지적하지만,[20] 이 역설은 사랑이라는 매체의 부정적인 코드값, 즉 '더 이상 사랑하지 않기'를 선택함으로써 벗어날 수 있는 것이다. 친밀관계의 경우 무절제한 소통으로 인한 불행이 이별로 이어지는 것이 비교적 쉽다. 반면 그 이후의 시대에 나온 낭만적 사랑의 의미론은 결혼과 영원성을 강조하면서 열정이 가진 불안정성을 극복하고자 한다. 그리고 1장에서 보았듯이 낭만적 사랑의 보다 제도화된 형태가 헤겔의 가족 개념, 즉 사랑에 기초한 근대적 핵가족 모델이다. 그래서 나는 친밀관계와 달리 가족은 더 이상 사랑하지 않는 경우에도 계속 전인격에 맞춰 소통이 이루어지는 사회적 체계, 치료를 요청할 수 있는 매우 불운한 소통들이 계속되기도 하는 사회적 체계로 규정하고자 한다.

가족 논문에서 루만이 "개별 가족만 있을 뿐, 많은 가족들에게 공통된 하나의 조직이나 하나의 매체(사랑)은 없다"(SF201)고 쓴 것을 통해서도, 그리고 낭만적 사랑의 이상이 가르쳐준 인격들 간의 "최고도의 유관성은 둘 사이의 관계에서만 요청"(SF202)된다고 쓴 것을 통해서도, 가족과 친

---

19 Runkel, G. & Burkart, G.(편), *Funktionssysteme der Gesellschaft*, VS Verlag für Sozialwissenschaften, 2005, p.106.

20 루만, 니클라스. 『열정으로서의 사랑』, 79~92쪽.

밀관계의 차이를 추론해볼 수 있다. 루만은 사랑을 권력, 화폐, 진리 등
과 함께 '상징적으로 일반화된 소통 매체' 혹은 '성공매체(Erfolgsmedien)'
로 분류한다. 이 매체의 기능은 코드화를 기초로 "조건화와 동기유발을
새로운 방식으로 결합"시켜 불편한 소통의 경우에도 수용 가능성을 높이
는 것이다.[21] 즉 소통의 성공(success) 가능성을 높이는 것이다. '사랑한
다'와 '사랑하지 않는다' 중에서 긍정적인 코드값을 선택할 경우 보기 싫
은 영화도 함께 보러 가게 되고 피곤이 몰려오는 날에도 만나러 가는
일을 떠올려보면 된다.

친밀관계에서의 소통들에는 사랑이라는 매체가 필수적이지만 가족을
성립시키는 전인격에 맞춰진 소통들은 사랑이 아닐 수도 있다. 따라서
친밀관계로 이루어진 가족들이 있을 수 있지만, 모든 가족이 친밀관계로
만 이루어지는 것은 아니라고 말할 수도 있을 것이다. 따라서 루만의 진
술들을 종합하면, 가족은 전인격에 방향을 맞춘 소통들이 이루어지는
사회적 체계이지만 그 소통들은 사랑이나 존중의 성격을 가질 뿐 아니라
경우에 따라 혹은 때로는 괴롭힘과 갈등의 성격을 가질 수 있다. 그리고
이러한 통찰은 대안적 가족 개념의 모색에도 도움을 줄 수 있다. 두 사람
사이의 사랑이나 결혼에 기초하지 않은 다양한 관계들을 가족으로 규정
할 수 있는 근거가 될 수 있기 때문이다.

절제되지 않는 소통으로 인한 병리학의 문제를 루만은 가족 논문과
함께『사회학적 계몽 제5권』에 함께 실은 별개의 논문 "가족 안에서 소통
의 행운과 불운 – 병리학의 발생에 관하여"에서 다루었다. 여기서 그는
사회의 기능체계들을 비롯한 다른 사회적 체계들에서와 달리 가족에서

---

21  루만, 니클라스 지음, 장춘익 옮김, 『사회의 사회』, 새물결, 2014, 245쪽.

는 의식체계들과 사회적 체계들 사이의 구조적 결합(structural coupling)
이 잡음없이(geräuschlos) 일어나지 않는다는 점에 주목한다.[22] 회사에서
일할 때나 학교에서 강의할 때 우리는 각자의 의식 속에 떠오른 것들에
대한 소통을 시도하면서 그것이 잘 이해될 것이라는 기대를 크게 갖지
않는다. 그래서 매우 절제된 소통 시도를 하고 그 시도가 실패했을 때도
크게 실망하지 않는다. 타인들이 어떤 생각을 하는지 별로 듣고 싶어하
지도 않는다. 이것이 의식과 사회적 체계들 사이의 '잡음없는 구조적 결
합'이다.

　가족의 특수성은 더 많은 잡음이 허락된다는 것, 즉 타인이 어떻게
생각하는지에 대해 생각하고 심지어 그에 관해 소통하는 걸 시도하는
일이 정당화된다는 것이다. 심지어 이런 관심과 간섭으로 인해 생기는
잡음을 만들어내지 않는 것이 가족적이지 않은 것으로 간주된다. 사회
전체적으로 볼 때 구조적 결합이 이렇게 끊임없이 잡음을 만들어내는
일은 "하나의 예외상태"이며 "병리학적"이다(GF213).

　게다가 가족은 "정당한 망각이 없는" 하나의 "역사적 체계"이다(GF213).
현대 사회에서 개인들은 특정한 소통 맥락에서 잊혀질 수 있는 권리를
통해, 즉 다른 조직이나 다른 공동체로 옮김을 통해 심리적 자유를 누린
다. 그런데 전인격에 관해 소통하는 가족에서는 이러한 망각이 불가능하
기 때문에 개인들은 심리적으로 매우 피곤해진다. 그래서 루만은 가족이
"위험한 소통의 극단적인 경우(ein Extremfall gefährlicher Kommunikation)"

22　Luhmann, Niklas. "Glück und Unglück der Kommunikation in Familien – Zur Genese
　von Pathologien", *Soziologiesche Aufklärung 5*, VS Verlag für Sozialwissenschaften,
　2005(제3판, 초판은 1990), p.212. 이 논문의 쪽 수를 표기할 때는 괄호 안에 GF로
　약칭하고 쪽 수의 숫자만 덧붙이겠다.

(GF215)라고 말한다. 특히 특정 인격을 도덕적으로 비난하는 소통들이 무절제하게 이어질 경우, 그럼에도 그가 가족을 벗어나는 선택을 하기 어려운 경우, 가족은 심각한 재앙이 될 수 있다.

## 4. 가족의 기능: 전인격적 포함

이렇듯 치료가 필요할 정도로 가족이 위험한 것이라면, 왜 가족들은 사라지지 않을까? 게다가 현대 사회에서 개인이 사회에 포함되기 위해 가족이 필수적인 것이 아니고, 더구나 연애결혼과 출생을 기초로 한 근대적 가족 모델이 약화되고 있음에도, 다른 모델의 수많은 가족적 공동체들이 생겨나는가? 그리고 그것들을 가족으로 인정해달라는 목소리, 가족을 구성할 권리를 달라는 목소리가 커지고 있는가?

루만은 이 문제를 가족의 기능에 대한 물음을 통해 풀어나간다. 그는 체계이론과 기능주의에 기초한 기존의 가족사회학이 '가족의 기능상실'이라는 주제를 다룰 때, 가족이 한편으로는 경제적 부담 등 전통적 부담들을 덜게 되었으며 다른 한편으로는 특정한 기능에 집중하게 되었다는 분석으로부터 출발한다. 그런데 1950년대의 대표적인 기능주의 사회학자 파슨스(Talcott Parsons)가 그렇게 집중화된 가족의 기능으로 "아이들의 사회화(socialization)"와 "어른들의 인성(personalities)의 안정화"[23]를 꼽은 데 반해, 루만은 그 기능들을 가족의 고유한 기능이 아니라고 본다. 그는 자신의 가족 연구에서는 어른들과 아이들의 차이 및 사회화와 교육

---

23  Parsons, Talcott & Bales, R. F., *Family, Socialization and Interaction Process*, Routledge & Kegan Paul LTD, 1956, p.16~20.

의 문제를 고려하지 않는다고 말한다. 이는 어른들과 아이들로 이루어지지 않는 가족들을 염두에 둔 것이기도 하지만 아이들의 사회화와 교육을 위한 가족 바깥의 제도들이 마련된 20세기 말의 상황을 반영하는 것이라고 볼 수 있을 것이다. 루만은 사회화가 가족의 전문 기능이 아니며, "사회화는 도처에서 일어나며, 모든 사회적 접촉에서 일어난다"(SF201)고 말한다. 물론 가족 역시 사회의 일부이므로 '가족적 사회화'라는 전인격에 관여하는 특수한 사회화가 이루어지며 이런 종류의 사회화는 잘 아는 인격들과의 대면을 통해 "기대 부담과 학습을 쉽게" 해준다(SF202). 하지만 이것은 사회의 도처에서 일어나는 사회화의 일부분일 뿐이다.

루만은 파슨스를 비롯한 구조기능주의 사회학자들이 강조한 어른들의 인성 안정화 기능에 대해서는 별도로 언급하지 않는다. 그런데 앞 절에서 보았듯이 가족은 안정이나 행운만 제공하는 것이 아니라 극단적 불안정과 불운도 제공한다. 따라서 루만에게 인성의 안정화는 결코 가족의 기능으로 규정될 수 없을 것이다.

구조기능주의자들도 사회화가 가족 바깥에서도 이루어진다고 본다는 점, 그리고 전인격에 방향을 맞춘 소통들의 일부 기능을 인성 안정화로 볼 수 있다는 점에서 양측의 차이가 크지 않은 것 아니냐는 의문이 생길 수도 있다. 하지만 구조기능주의자들이 기능을 전체의 목적 혹은 구조를 위한 수행성과(performance)로 간주하는 반면, 루만이 목적과 기능 사이의 인과성을 폐기한 기능주의자임을 감안하면, 양측의 차이는 큰 것이다. 전자가 가족의 기능인 사회화와 인성 안정화 없이는 전체사회의 존속이 어렵다고 보는 입장이라면, 후자는 그런 수행성과들이 과연 사회를 위해 필수적인가에 대해 의문을 던지는 입장이다. 양측의 기능 개념 차이에 관해서는 몇 단락 뒤에서 본격적으로 살펴보겠다.

그렇다면 현대 사회에서 가족의 특화된 기능은 무엇인가? 루만은 가족적 소통들의 특징으로부터 바로 가족의 기능을 도출한다. 그는 가족의 기능을 "전인격을 사회에 포함(gesellschaftliche Inklusion der Vollperson)"하는 것으로 규정하며, "여기서는 한 사람과 관련된 모든 것을 들을 권리가 있고 말하고 답해야 할 의무도 있다는 기대로부터 살아간다"고 덧붙인다(SF199).

오늘날 개인들이 사회화 과정을 거쳐 사회에 포함되는 과정에서 가족은 더 이상 필수적인 것일 아닐 뿐더러 그 영향력도 약화되었다. 개인이 어느 가족에 속해있는가는 그가 교육, 경제, 법, 정치 등의 기능 영역에 접근하는 것과 원칙적으로 무관하다. 그래서 루만은 "가족은 더 이상 사회에 대한 일반적 포함 심급의 기능을 갖지 않는다"고 말한다(SF198). 개인이 사회에 포함될 수 있는가의 문제를 맡고 있는 것은 정치, 경제, 법, 교육 등의 기능체계들이다. 학교에 가서 학생이 됨으로써 교육에 포함되고, 취직을 해서 회사원이 됨으로써 경제에 포함되고, 시민권을 획득하거나 비자 유효기간을 통해 법에 포함되고 등등을 떠올려보면 된다.

그런데 기능체계들을 통한 포함의 문제는 개인들이 각 기능 영역에서 언제든 다시 배제될 수 있다는 것, 특정 기능 영역에 포함되는 것이 다른 영역으로의 포함을 보장하지 못한다는 것, 그리고 결정적으로 전인격으로서 포함되는 것이 아니라는 데 있다. 가족만이 "더 이상 실존하지 않는 한 사회의 모델"(SF199), 즉 개인의 수행실적과 무관한 포함, 역할이 아닌 전인격으로서의 포함을 실현한다. 내가 조금 더 문학적으로 표현해보자면, 가족은 익명적 사회 속의 유토피아, 그런데 언제든 디스토피아로 돌변할 수 있는 유토피아이다.

가족의 고유한 기능은 사회 안의 다른 영역 어디에서도 해결할 수 없는 문제인 전인격적 포함이다. 다른 어느 곳에서도 반향을 얻을 수 없기에 개인들은 가족에 대한 기대와 요구수준을 높이게 된다. 그런데 이 기능은 '안정', '통합', '연대' 등 긍정적 의미만 갖는 기능이 아니다. 전인격적 포함은 앞서도 보았듯이 개인들을 매우 위험한 소통들에 노출시키기고 심각한 갈등을 초래하는 것이기도 하다.

이 지점에서 '전인격적 포함'이 왜 '기능(function)'으로 불릴 수 있는지에 대한 추가 설명과 기능체계 개념에 대한 고찰이 필요할 것 같다. 사회과학의 기능주의 경향에서 가장 널리 알려져 있는 구조기능주의 경향에서 기능이란 전체의 목적 혹은 구조의 유지에 기여하는 수행성과(performance)를 뜻한다. 루만은 1960년대의 초기 작업에서부터 목적 개념 및 인과관계와 결부되어 있는 이러한 기능 개념을 거부했다.[24] 루만에게 체계는 어떤 목적을 갖고 있는 것이 아니며 그저 자기생산을 반복할 뿐이다. 사회적 체계들의 경우 소통들의 자기지시적 재생산 이외의 다른 고유한 목적 같은 것은 없다. 물론 작동 과정이 임의적으로 되지 않게 하기 위한 제약조건으로서 구조의 형성은 필수적이지만 이 구조는 작동 과정에서 바뀔 수 있는 것이기에 결코 목적의 위상을 갖지 않는다. 그리고 기성의 구조 유지를 위해 기능하는 것들이 있다 하더라도 그 기능이 그 결과를 낳는 원인이 될 수 있다는 보장은 없다.

루만은 기능 개념을 "문제와 문제해결의 관계"[25]로 규정한다. 여기서

---

24  1968년 저작 *Zweckbegriff und Systemrationalität*, 1970년의 논문집에 실린 "Funktion und Kausalität", "Funktionale Methode und Systemtheorie" 등이 그러하다. 본문에서 이어지는 루만의 기능 개념에 대한 설명은 이것들과 1984년 저작 *Soziale Systeme*를 참조한 것이다.

25  Luhmann, Niklas. *Soziale Systeme*, p.84.

'관계(Relation)'란 인과성(Kausalität)을 뜻하는 것이 아니다. 루만에게 인과성이란 관찰자가 여러 원인들과 여러 결과들 사이에 귀속을 설정하는 것일 뿐이다. 따라서 어떤 하위체계가 해결하고자 하는 문제가 전체체계로 볼 때 얼마나 중요한 문제인가 혹은 실제로 문제해결에 얼마나 기여하는가 등은 그것의 기능 여부와 무관하다. 물론 인간의 심리적 체계들을 소통들로 동기유발(motivation)하지 못하면 그 하위체계의 작동은 멈출 것이지만 말이다. 그래서 루만은 자신의 기능주의를 구조기능주의 혹은 인과기능주의와 구별하여 '등가기능주의(Äquivalenzfunktionalismus)'로 규정한다. 체계에는 문제해결을 위한 여러 가지 기능적 등가가 있을 수 있다는 것, 그리고 자신의 작업은 현존하는 문제해결의 우연성을 드러내고 잠재해 있는 다른 해결책을 찾는 데 도움을 줄 수 있다는 것이다.[26]

이러한 기능 개념을 따를 때, 포괄적인 사회적 체계인 사회 속에서 하나의 사회적 체계가 소통들을 계속 재생산하기만 한다면 그것은 나름대로 사회 안에서 기능한다고 말할 수 있다. 사회 전체의 문제는 특정 구조나 질서의 유지가 아니라 소통들의 자기생산이기 때문이다. 따라서 대부분의 사회적 체계들이 인격들의 내부행동(역할 수행)에만 집중하는 데 반해, 전인격에 관해 소통하는 독특한 사회적 체계들인 가족들은 여전히 수많은 심리적 체계들의 동기유발을 통해 소통들의 자기생산에 기여하고 있으며, 그런 의미에서 '기능체계들'이다.

여기서 나는 루만이 분명히 구별하지 않은 문제, 즉 '기능체계'라는 개념의 두 가지 차원을 구별해보고자 한다. 루만은 몇몇 저술들에서 가

---

26 김건우, 「니클라스 루만의 사회학적 계몽과 차이의 사회학」, 『사회와 이론』 37, 2020, 69~77쪽 참조.

족을 "기능체계(Funktionssystem)"로 규정하고 있다.[27] 그래서 루만 연구자들이 쓴 『사회의 기능체계들』(Funktionssysteme der Gesellschaft)이라는 논문집에도 가족은 하나의 항목으로 다루어지고 있다. 그런데 이 책에서 가족 항목을 맡아서 쓴 Burkart는 가족이 과연 기능체계인가에 대한 의문을 던지고 있다. 다른 기능체계들의 뚜렷한 분화를 가능하게 한 상징적으로 일반화된 소통 매체가 가족에는 없으며, 그로 인해 루만이 가족체계의 코드를 언급하지 않기 때문이다. 앞서 살펴보았듯이 루만은 사랑이 가족이라는 사회적 체계들의 형성을 돕는 의미론의 하나로 간주하기는 하지만, 친밀관계들에서와 달리 그것을 상징적으로 일반화된 매체로 간주하지 않는다. 즉 사랑을 통한 코드화는 가족들에게는 해당될 수 없다. 그런데 Burkart는 이러한 의문을 던질 뿐 루만의 기능체계 개념에 대해 더 깊이 파고들지 않는다.

나는 루만이 '기능체계'라는 용어를 두 가지 의미로 사용한다고 본다. 하나는 '사회의 기능체계'라는 의미로, 다른 하나는 '사회 안에서 기능하는 체계'라는 의미로 사용한다고 본다. 전자는 전체체계로서의 사회의 주도적 분화 형식인 기능적 분화 형식에 따라 현대 사회에서 주된 구조적 지위를 갖고 있고 서로 구조적으로 결합되어 있는 기능체계들이다. 루만은 그의 사회이론을 집대성한 저작인 『사회의 사회(Die Gesellschaft der Gesellschaft)』에서 기능적 분화를 "독립분화된 체계(환경이 아니라)가 전체체계를 위해 충족시키는 기능이라는 통일성 관점 아래 체계와 환경의 차이가 독립분화되어" 있는 것이라고 규정하며, 이를 위해서는 기능과

---

27 Runkel, G. & Burkart, G.(편), *Funktionssysteme der Gesellschaft*, VS Verlag für Sozialwissenschaften, 2005, p.104.

코드의 구별 및 코드와 프로그램의 구별이 필요하다고 말한다.[28] 그런데 가족들은 이러한 통일성 관점에 따라 분화되어 있다고 보기 어려울 뿐 아니라 고유한 코드도 프로그램도 갖고 있지 않다. 루만은 기능체계들의 자율성과 구조적 결합을 다룬 절에서 정치와 경제, 법과 정치, 법과 경제, 과학과 교육, 정치와 과학, 교육과 경제 등 여섯 가지 결합 방식들을 설명한 후, 의료와 경제, 예술과 경제 등에 대해 간단히 추가로 언급한다. 여기서 가족들, 항의운동들 등은 전혀 언급되지 않는다.

따라서 가족은 기능적 분화 형식의 전체체계로서의 사회의 기능체계로 간주될 수 없다. 가족 논문에서도 루만은 경제와 달리 가족이라는 하나의 부분체계는 없으며, 개별 가족만 있을 뿐 이들을 통일시키는 제도들이 없다고 말한다. 그리고 전인격을 포함하는 가족의 기능이 "기능체계성의 포기를 요구"한다고 말한다(SF201). 따라서 우리는 루만이 사회의 기능체계와 사회 안에서 소통들의 자기생산에 기여하는 체계들을 구별한다는 것, 그런데 가족들과 같은 후자에 대해서도 간혹 '기능체계'라는 표현을 사용한다는 것을 알 수 있다. 가족들은 수많은 상호작용들이나 항의운동들과 마찬가지로 사회 안에서 나름의 기능을 갖지만, 특히 그것들과 달리 비교적 명확한 기능을 갖지만, 전체사회의 분화 형식과는 관련이 없는 체계, 그래서 사회의 기능체계는 아니라는 결론을 내릴 수 있을 것이다.

기능체계가 두 가지 의미를 갖기에 생기는 문제는 루만이 사회적 체계들을 분류하는 방식의 문제와도 관련된 것이다. 루만은 1984년 사회적 체계들의 일반 이론을 위한 기초를 놓을 때, 사회적 체계들을 상호작용

---

[28]  루만, 니클라스. 『사회의 사회』, 856~861쪽.

들, 조직들, 사회라는 세 가지 종류로 나누었다. 그런데 1997년 사회이
론의 마지막 작업에서는 위의 세 가지에 속하기 어려운 항의운동들을
추가하였으며, 그의 사후 루만 연구자들은 가족들 역시 추가되어야 함을
지적하였다. 그리고 이렇게 계속 추가해야 할 문제라면, 상호작용들과
사회 사이에 조직들, 항의운동들, 가족들, 그룹들 등 멤버십에 기초한
다양한 종류의 사회적 체계들을 설정하는 것이 더 적합하다는 주장도
나왔다.[29] 나는 이 재분류 작업이 루만의 체계 개념 및 기능 개념에 대한
재구성 과정을 거쳐야만 보다 명확하게 이루어질 수 있다고 보며, 이를
위해서는 별도의 연구를 통해 진행하고 있다. 가족 개념을 다루는 이 글
에서는 가족이 사회의 기능체계는 아니며 사회 안에서 개인들을 역할들
이 아닌 전인격으로 포함하는 기능을 갖는 사회적 체계들이라는 잠정적
결론만 내리도록 하겠다.

## 5. 루만 가족 개념의 한계와 공동체 이론으로의 확장

가족적 소통의 성격과 가족의 기능에 초점을 맞추는 루만의 가족 개념
은 가족을 결혼, 출생, 입양 등 구성원들의 특수 관계와 무관하게 파악할
수 있게 한다는 점, 그리고 가족적 소통이 가진 매력과 위험성을 동시에
보여준다는 점 등에서 장점을 갖는다. 하지만 지금의 가족 현실에 비추
어 볼 때 두 가지 지점에서 한계를 갖는다.

---

29  Kühl, Stefan. "Gruppen, Organisation, Familen und Bewegungen. Zur Soziologie
mitgliedschaftsbasierter Systeme zwischen Interaktion und Gesellschaft",
*Zeitschrift für Soziologie, Sonderheft*, 2014, p.65~85.

첫째, 가족의 특화된 기능에만 주목하는 접근은 가족의 잔여 기능들에 대해 상대적으로 주목하지 못하게 한다. 모든 가족들에게 해당되지는 않지만 여전히 많은 가족들에게 해당되는 기능들, 예를 들어 가족적 사회화, 돌봄, 교육, 식생활 등이 그러하다. 전인격에 방향을 맞추는 소통들은 그 인격들의 신체와 의식상태에 대한 관심을 동반할 수밖에 없으며, 이로 인해 가족은 사회의 다른 영역들에서 완전히 충족되기 어려운 여러 기능들을 함께 떠맡게 된다. 특히 아이 돌봄, 노인 돌봄, 환자 돌봄 등 돌봄 영역에서 가족의 비중은 매우 높다. 그래서 류도향이 "신체매개적 공동체성"을 강조한 것은 설득력이 높다. 물론 앞서도 지적하였듯이 이를 모든 가족들에 대한 규정으로 삼을 경우 돌봄 부담이 거의 없는 가족들을 고려하지 못하게 된다. 게다가 앞으로는 사회적 돌봄 제도의 확대 등을 통해 점차 가족들의 돌봄 부담이 줄어들어야 한다. 어쨌거나 가족의 기능에 대한 루만의 설명은 그 기능과 현실의 가족들이 떠맡고 있는 잔여 기능들에 대한 연결고리를 충분히 밝혀주지 못하고 있다.

둘째, 한국의 법적 가족 범위뿐 아니라 일상적인 가족 관념보다 가족의 범위를 넓게 설정하는 효과를 가질 수 있다. 학교 친구들, 동네 이웃들, 친목모임 구성원들, 회사 동료들과도 전인격에 방향을 맞춘 소통들의 자기생산이 꽤 장기간 일어나기도 하고 그 밀도는 흔히 가족 관계로 규정되는 사람들과의 소통들보다 더 높기도 하기 때문이다. 하지만 그것을 우리가 보통 가족이라고 부르지는 않는다.

이 두 가지 한계는 루만 가족 개념의 한계일 수도 있지만 근대적 핵가족 관념을 넘어선 공동체들의 이론을 마련하기 위한 기반이 될 수도 있다. 대안적 가족 개념을 모색해온 학자들이나 도시공동체, 마을공동체, 비혼공동체 등을 연구해온 학자들은 "가족커뮤니티",[30] "열린 공동체"(권용혁), "확장된 가족공동체",[31] "친밀공동체", "살림공동체" 등 근대적 관념에 따른 가족보다는 규모가 크지만 구성원들의 전인격에 대한 관심에 기초한 공동체들을 개념화해왔다.

사회적 돌봄, 마을교육, 협동경제 등의 확산을 통해 핵가족이 담당해왔던 잔여 기능들이 점차 가족 바깥의 여러 제도들과 자발적 조직들로 옮겨간다면, 그리고 가구, 세대 등의 개념이 가족으로부터 뚜렷하게 분리된다면, 우리는 전인격에 방향을 맞춘 소통들의 자기생산이 현재 우리가 가족이라고 부르는 것보다 조금 더 열리고 조금 더 유연한 공동체들에서 이루어질 것이라고 예상할 수 있다. 그것들이 계속 가족으로 불릴지, 아니면 어떤 새로운 명칭을 갖게 될지는 미리 단언할 수 없다. 하지만 우리는 그것들의 공통된 기본 기능을 루만이 가족의 기능으로 규정한 전인격적 포함으로 규정해볼 수 있을 것이다. 그리고 돌봄, 교육, 경제 등은 그것들 각각의 부차적 기능들로 규정할 수 있을 것이다.

그런 공동체들 중 소비자생활협동조합이나 의료생활협동조합 등과 같이 내가 부차적 기능들이라고 부른 것들을 주된 기능으로 삼는 경우들에 대해서는 새로운 기능 영역을 형성하는 사회적 체계들로 규정하는 것이 더 적절할 것이다. 반면에 이른바 사회적 경제 영역 같은 곳에서의 성공보다는 전인격적 포함 그 자체를 더욱 중시하는 공동체의 경우에는 가족적 공동체로 규정할 수도 있을 것이다. 다음 장에서 나는 이를 출발점으

---

30  류도향이 참여하고 있는 전남대 인문학연구원의 HK+사업 아젠다가 "가족커뮤니티 인문학"이다. '가족커뮤니티'는 '가족적 공동체'로 표현할 수도 있을 것이다.

31  1990년대 중반부터 한국 마을공동체 운동의 산파 역할을 한 공동육아 운동에서 스스로를 규정하는 표현들 중 하나이다. 공동육아와공동체교육, 『공동육아, 더불어 삶』, (사)공동육아와공동체교육, 2020, 14쪽.

로 가족과 국가 이후의 좋은 삶을 위한 공동체에 대해 탐구할 것이다.

아리스토텔레스 이래, 오랜 시간 동안 공동체 이론은 가족과 국가라는 두 가지 공동체 모델에서 벗어나지 못하다가 19세기 말 사회학이 공동체 (Gemeinschaft)와 사회(Gesellschaft)의 구별을 도입한 이후 지역사회를 기초로 한 다양한 공동체들을 이론화하는 시도가 이루어졌다.[32] 하지만 가족과 국가 이후의 공동체의 성격을 뚜렷이 밝히는 이론적 작업은 아직 찾아보기 어렵다. 익명적 질서가 우위를 갖는 현대 사회 속에서 구성원들의 참여도가 높은 공동체들은 인격에 방향을 맞춘 소통들을 통해 재생산되는 특징을 갖고 있다. 루만의 가족 개념은 가족들의 복잡한 현실을 모두 반영하고 있는 이론이 아니며, 이상적인 가족 모델을 제시하는 이론도 아니다. 그럼에도 전인격에 방향을 맞춘 소통들로 이루어진 사회적 체계들이 나름의 기능을 갖고 뚜렷이 분화되어 있다는 것에 대한 그의 통찰은 대안적 가족 개념을 모색하는 데도 도움을 줄 수 있지만 새로운 공동체 이론의 정립에도 도움을 줄 수 있을 것이다.

---

32  로자, 하르트무르트 외,『공동체의 이론들』, 라움, 2017. 정성훈·원재연·남승균,『협동과 포용의 살림공동체: 이론, 역사, 인천 사례』, 보고사, 2019.

# 3장

# 기능적으로 분화된 사회에서
# 좋은 삶을 위한 공동체

## 1. 도입: 사회학의 공동체 물음

헤겔 이후 가족이나 국가를 규범적 공동체로 설정하는 경향은 약화되었다. 19세기 초중반의 사회주의자들은 시민사회에 해당하는 경제체계에 맞선 해방공동체의 이념을 추구하면서 가족과 국가를 사적 소유의 원리가 관철되는 집단 혹은 사적 소유를 보호하는 기구로 간주하였다. 예를 들어, 마르크스와 엥엘스에게 국가는 시민사회라는 경제적 토대에 조응하는 정치적 상부구조이며 가족은 사적 소유를 가진 남성의 여성 지배 형태이다. 푸리에, 오웬 등의 유토피아적 공동체 실험이 실패한 이후, 그리고 경제적 토대를 변혁해 전체 사회를 코뮨으로 재편하려던 마르크스주의적 시도가 오히려 관료제 국가를 강화하는 것으로 귀결된 이후, 사회로부터 고립된 혹은 사회를 대체하는 공동체 구상은 점차 사라져간다. 해방공동체의 이념이 약화되면서 공동체는 사회학에서 현실 사회 안에 남아있는 혹은 현실 사회 속에서 새로 생겨나는 공동체들에 대한 경험적 연구 대상으로 다루어진다.

19세기 후반 퇴니스(Ferdiand Tönnies)가 인간 의지를 본연의지(Wesen-wille)와 선택의지(Kürwille)의 두 가지로 구별하고 전자에 의한 공동체(Gemeinschaft)와 후자에 의한 사회(Gesellschaft)를 구별한 이래, 사회학은 이상적인 공동체에 대한 물음보다는 현대 사회 안에 여전히 공동체가 있는가라는 물음을 다루었다. 퇴니스는 공동체를 사회로부터 구별했지만, 그의 두 개념이 한국에서 '공동사회'와 '이익사회'로 번역되는 데서도 알 수 있듯이 사회학에서 공동체는 사회 안의 예외적 일부분으로 간주된다.

20세기 초중반 다양한 공동체 연구가 이루어진 이후 사회학에서는 '공동체 물음(community question)'이 제기된다.[1] 농촌사회학자들과 도시사회학자들은 각각 조금씩 다른 공동체 개념을 배경으로 일부는 공동체들이 이미 사라졌다고 진단했고 일부는 과거와는 다른 결속(ties) 방식에 따른 공동체들이 계속 생겨나고 있다고 보았다.

캐나다의 대도시 토론토의 East York 거주자들의 '친밀 네트워크(intimate networks)'를 분석한 웰먼(Barry Wellman)은 공동체 물음을 "대규모의 사회적 체계적 분업이 기초적 결합(primary ties)에 어떤 영향을 미치는가"의 물음으로 규정한다. 그는 사회학에서 이 물음에 대한 답변이

---

1 community question을 강대기는 "공동체 지속여부"로, 김미영은 "공동체 문제"로 번역하여 한국에 소개한 바 있다. 나는 '지속여부'가 물음의 폭을 좁히는 번역이며 '문제'는 공동체로 인해 생기는 문제로 오해될 소지가 있는 번역이라고 보며 '물음' 혹은 '의문'으로 번역하는 것이 더 적절하다고 판단한다. 강대기, 『현대사회에서 공동체는 가능한가』, 아카넷, 2001, 22쪽. 김미영, 「현대사회에서 존재하는 공동체의 여러 형식」, 『사회와이론』 제27집, 2015, 183쪽.

상실(lost) 논변, 보존(saved) 논변, 해방(liberated)[2] 논변의 세 가지로 이루어져 왔다고 분석한다.[3]

웰먼에 따르면, 퇴니스 이래 가장 많은 사회학자들에게서 발견되는 상실 논변은 산업적 관료제화가 진행된 도시에서는 비인격적, 일시적, 분절적 관계가 지배적으로 되면서 친족간의 유대와 지역적 연대가 약화되었다는 판단에 기초한다. 보존 논변은 산업적 관료제 사회에서도 이웃과 친족의 연대성이 공식적으로는 약화된 것으로 보이지만 비공식적으로는 여전히 번성하고 있다고 주장한다. 다만 보존 논변을 펼치는 도시 사회학자들이 제시하는 사례들은 공식 행정의 도움을 받지 못하는 빈곤층이나 소외층이라는 점에서 예외적인 경우로 간주될 수 있다. 해방 논변은 웰먼 자신이 지지하는 것으로 상실 논변과 보존 논변의 분석적 병립으로부터 발전한 것이다. 잦은 이사, 거주지와 작업장의 분리, 친족 관계의 약화 등 상실 논변이 지적하는 결속의 약화를 인정하면서도 지역적 뿌리로부터 벗어난 다양하고 느슨한 결속은 오히려 활성화되고 있다는 것이다.

현대 사회에서 공동체는 더 이상 원초적 결속이나 본연의지와 같은 전통적 농촌공동체를 모델로 한 규정들로는 파악하기 어렵다. 그래서 다양하고 느슨한 결속이 이루어지는 친밀 네트워크에 주목하는 해방 논변의 설득력이 높다. 그런데 여기서 공동체 물음은 조금 더 급진적인 물

---

2  여기서 '해방'은 자연적이고 원초적인 결속으로부터 풀려나 느슨한 네트워크로 들어가게 되었다는 의미를 갖는다. '해방공동체'라는 말에 들어 있는 '해방(emancipation)'과는 다른 의미를 갖는다. 그래서 liberated를 표현할 다른 번역어를 궁리해보았으나 적절한 단어를 찾지 못해서 오해의 소지가 있음에도 '해방'이라고 표현하였다.

3  Wellman, Barry, "The Community Question: The Intimate Networks of East Yorker", *American Journal of Sociology*, Vol. 84 No. 5, 1979, p.1201~1208.

음을 촉발한다. 과연 그런 결속 혹은 네트워크를 공동체라 부를 필요가
있느냐는 물음이다. 모호하고 논란 많은 개념인 공동체를 다른 개념으로
대체하거나 아예 제거하자는 주장도 설득력이 높기 때문이다. 예를 들
어, 전병재는 공동체, 조직체, 결사체의 삼분법을 도입하여 공동체 개념
은 태어날 때 귀속되는 숙명공동체로 제한하고, 조직체와 달리 자발적으
로 모인 것들을 '결사체(association)'로 대체하자고 주장한다.[4]

더 급진적으로 생각해보면, 숙명공동체는 가족이나 친족이라고 부르
면 되므로 공동체 개념을 완전히 제거하자는 주장으로도 나아갈 수 있
다. 사회학자 루만(Niklas Luhmann)은 "모든 공동체 신화들과 작별"[5]해야
한다고 말하는 등 사실상 그의 사회적 체계이론의 내부에 공동체 개념을
설정하지 않았다. 그런데 2장에서 살펴보았듯이, 루만의 가족 개념, 친
밀관계 개념, 그리고 그가 남긴 메모상자에 들어있던 그룹 개념 등은 공
동체 이론으로 확장될 여지를 갖고 있다.

그래서 이 글에서는 우선 사회적 체계들에 대한 루만의 분류를 재검토
하고 이로부터 공동체 개념의 성립 가능성을 검토하고자 한다. 그런데
그것이 가능하다고 해서 루만 자신의 의도와 무관하게 체계이론으로부
터 새로운 공동체 이론을 정립하는 것은 별개의 문제이다. 그래서 나는
독자적으로 공동체 개념을 제안할 것이고, 이를 기초로 철학적 전통에서
이야기되어온 '좋은 삶'을 현대적 조건에서 재구성해보고자 한다. 그리
고 마지막에는 현대적 조건에서 좋은 삶을 위한 공동체가 갖는 기능을
밝히고자 한다.

---

4  전병재, 「공동체와 결사체」, 『사회와 이론』 1, 2002, 63~66쪽.
5  Luhmann, Niklas. Soziale Systeme – Grundriß einer allgemeine Theorie, Suhrkamp,
   1984, p.298.

## 2. 사회적 체계들의 재분류 문제

루만은 1984년에 일반 이론을 정립할 때 사회적 체계들을 상호작용들, 조직들, 사회의 세 가지로 분류하였다. 상호작용들은 참석자들에 의한 소통들의 자기생산 체계들로, 조직들은 구성원자격(멤버십)에 기초한 결정들을 통한 자기생산이 이루어지는 체계들로 규정된다. 그리고 사회는 모든 상호작용들과 조직들을 모두 포괄할 뿐 아니라 일어나는 모든 소통들을 요소들로 하는 포괄적인 사회적 체계로 규정된다. 그리고 경제, 정치, 법, 과학, 예술, 교육 등의 기능체계들은 사회의 기능적 분화에 따른 부분체계들, 즉 상호작용들이나 조직들로 환원될 수 없는 사회의 하위체계들이다. 과거의 사회들에서 주도적인 분화 형식이었던 분절적 분화(가족, 국가 등), 중심/주변 분화(도시/농촌 등), 계층적 분화(신분제도) 등은 현대 사회에 남아있긴 하지만 부차적인 것으로 되었고 기능체계들로의 분화가 주도적인 것이다.

그런데 루만은 1982년에 이미 상징적으로 일반화된 소통 매체로서의 사랑을 연구하면서 친밀관계들이라는 사회적 체계들을 별도로 설정했다. 이 당시 그는 친밀관계들이 사회적 체계들의 분류에서 어디에 속하는지 밝히지 않았다. 연구자들은 상호작용들의 집적 정도로만 판단했을 뿐이다. 그런데 루만은 1990년을 전후해 항의운동에 관한 글들을 발표하면서 항의운동이 상호작용들로도 조직들로도 환원될 수 없으며, 사회 안에서 사회에 맞선 상상적 반대자이기에 사회의 기능체계들로도 분류할 수 없다고 보았다. 루만은 항의운동들은 "항의하는 자들"과 "항의 대상이 되는 것"이라는 두 면을 갖는 형식을 이용하는 자기생산 체계들이지만 이 형식에는 "기능체계들의 코드에 전형적인 자기 안에서의 반성

(Reflexion-in-sich)이 없다"고 말한다.[6] 그래서 1997년 저작인 『사회의 사회』의 '4장 분화'에는 상호작용, 조직과 별도로 마지막 절로 항의운동이 들어갔다.

그리고 루만이 역시 1990년을 전후해 발표한 가족 논문들에서는 가족들을 사회적 체계들로 규정하면서도 항의운동들과 마찬가지로 상호작용에도 조직에도 속하지 않는 것으로 묘사한다. 또한 빌레펠트대학교에 보관되어 있던 그 유명한 메모상자(Zettelkasten) 안에서 루만 연구자들은 그룹(Gruppen) 항목을 발견했는데, 여기서 루만은 그룹과 조직의 차이에 관해 언급하면서 그룹은 구성원들 사이의 "인격적 지향(personale Orientierung)"이 우선적이며, 그것이 허락될 뿐 아니라 기대된다고 써놓았다.[7] 그렇다면 루만은 가족 이외에도 인격에 방향을 맞춘 소통들로 이루어진 사회적 체계들이 또 있다고 생각한 것이다. 친구집단, 동호인 모임 등 매우 다양한 그룹들이 가족에 준하는 사회적 체계들일 수 있는 것이다.

퀼(Stefan Kühl)은 이 메모를 기초로 한 연구 과정에서 상호작용, 조직, 사회의 분류법 대신에 상호작용과 사회 사이에 조직을 비롯한 여러 종류의 사회적 체계들을 설정하는 새로운 분류법을 제안한다. 조직, 항의운동, 가족, 그룹 등을 모두 상호작용과 사회 사이에 있는 사회적 체계들로 보자는 것이다. 그리고 이것들을 구성원자격을 기초로 한 사회적 체계들로 규정한다.[8] 구성원자격에 기초하되 결정 방식의 차이나 인격적

---

6 루만, 니클라스. 『사회의 사회』, 976~977쪽.

7 Kühl, Stefan. "Gruppen, Organisation, Familien und Bewegungen. Zur Soziologie metgliedschaftsbasierter Systeme zwischen Interaktion und Gesellschaft", *Zeitschrift für Soziologie, Sonderheft*, 2014, p.72.

지향의 정도 차이 등에 의해 서로 다른 이름을 갖게 되는 사회적 체계들
이라는 것이다. 퀼이 친구집단을 중심으로 한 그룹을 사회적 체계들 중
의 한 종류로 규정하는 후속 연구[9]를 이어간 것으로 보아 그의 관심은
공동체 개념은 아니다. 그는 그룹을 "구성원이 자신을 인격으로 표현
(Darstellung)하고 타인 인격 표현을 지지하는 것이 기대될 수 있는 사회
적 체계"로 규정한다. 그리고 그룹은 가족과 달리 구성원이 매우 우연적
이고 자주 교체된다고 말한다.

나는 퀼이 구성원자격에 기초한 사회적 체계들이라고 부른 것들은 모
두 어느 정도 인격에 방향을 맞춘 소통들을 허락할 뿐 아니라 그런 소통
들에 대한 기대를 자기생산의 주요한 촉매로 삼는다고 본다. 인격 지향
이 약할 수밖에 없는 조직들의 경우에도 그 내부에서 결정에 대한 소통과
그 결정에 따른 역할 관련 소통만 이루어지는 것은 아니다. 특히 수행성
과 압박이 상대적으로 약한 협동조직들에서는 가족에 못지않게 전인격
에 방향을 맞춘 소통들이 허락되고 기대된다. 루만은 사회의 특정한 기
능체계에 소속되지 않는 무수한 조직들이 있음을 지적한 바 있으며, 그
런 조직들은 특정 기능체계에 준거한 기능적 우선성을 갖지 않으며 내부
의 위계가 약하다고 말한다.[10] 뒤에서 나는 이런 조직들이 가질 수 있는
맞-기능에 관해 검토할 것인데, 여기서는 이런 조직들이 인격 지향을
가질 수 있음을 지적하는 것에 머물겠다. 물론 기능적 우선성을 갖는 거

8  Kühl, 위의 논문, p.65~85. 항의운동을 구성원 자격을 기초로 한 사회적 체계로 볼
   것인가는 논란의 여지가 많다. 대부분의 항의운동은 거의 매번 구성원의 상당수가
   교체될 뿐 아니라 누가 구성원인지를 따지지도 않는 경향이 크기 때문이다.
9  Kühl, Stefan. "Gruppe – Eine systemtheoretische Bestimmung", *Kölner Zeitschrift
   für Soziologie und Sozialpszchologie, 73*, 2021, p.25~58.
10  루만, 니클라스. 『사회의 사회』, 새물결, 2014, 960쪽 이하.

대 조직들, 예를 들어 기업, 대학, 행정기관 등에서는 역할에 따른 내부 행동에 초점을 맞춘 소통들이 지배적이다. 조직들은 경제, 과학, 교육 등 사회의 기능체계들로부터 성과에 대한 압박을 받기 때문이다.

조직 이외의 사회적 체계들인 가족, 그룹, 운동 중에서 어느 쪽이 더 인격에 방향을 맞춘 소통들의 비중이 높은지, 구성원의 변화가 심한지 등의 문제와 관련해서는 일반적 경향성을 말할 수는 있을 것이다. 다른 종류의 체계들보다 가족이 전인격에 맞춘 소통들이 더 활발한 경향, 그리고 구성원 변화가 더 적은 경향이 있다는 것은 누구나 상식적으로 동의할 만한 것들이다. 하지만 개별 가족, 개별 그룹, 개별 항의운동을 비교해보면 상황이 달라질 수 있다. 개별 사례를 보면 아예 소통이 단절된 가족들도 많을 것이며, 그룹에 참여하는 대부분의 구성원들이 열정적으로 서로를 사랑하는 경우도 있을 것이다.

여기서 나는 상호작용과 사회 사이에 있는 사회적 체계들을 명확한 기준을 세워 재분류하는 작업을 시도하지 않을 것이다. 이 글에서 나의 관심은 공동체이기 때문이다. 퀼이 제기한 논의에서 내가 주목하는 것은 상호작용과 사회 사이에 있는 여러 사회적 체계들 중 어떤 것들에 대해 '공동체'라 부를 수 있는지, 그리고 그렇게 명명할 수 있는 근거는 무엇인지를 밝히는 것이다. 경험적 사회학의 관점에서는 어떤 조직 혹은 어떤 그룹 혹은 어떤 가족을 '공동체'라 부르는 것이 체계이론적 규정에 따른 명칭에 또 하나의 명사를 덧붙이는 것에 불과할지도 모른다. 그런데 '좋은 삶'이라는 규범적 지향을 현대적 조건에서 다시 사유하고자 하는 사회철학의 관점에서는 어떤 사회적 체계를 좋은 삶을 위한 공동체로 부르는 것은 중요한 일이다. 그저 어떤 사회적 체계가 있다고 말하는 데 머무는 **것이 아니라 어떤 사회적 체계를 공동체라 부름으로써 그것에 가치를**

부여하고 활성화하고자 하기 때문이다.


## 3. 잠정적인 공동체 개념과 친밀공동체 재론

나는 이전의 연구에서 공동체를 "구두 소통들의 연관"으로 규정한 장춘익의 연구[11]를 참조하여 "전 인격적 구두 소통 연관"으로 규정한 바 있다.[12] 여기서 우선 '구두'는 삭제하고자 한다. 오늘날 공동체라 불릴 수 있는 여러 사회적 체계들에서 실시간 전자 문자 소통이 구두 소통에 못지않은 상호작용 방식으로 이용되고 있기 때문이다. 그리고 새로운 개념 규정을 위해서는 공동체를 자기생산적인 사회적 체계들의 한 종류로 봐야 할 것인지 아니면 여러 사회적 체계들이 가진 어떤 특성으로 간주해야 할 것인지에 대한 추가 검토가 필요하다. 왜냐하면 공동체를 자기생산적 사회적 체계로 간주할 경우, 루만이 가족을 사회적 체계로 다룰 때 그러하였듯이 작동상의 폐쇄를 가능하게 하는 재진입 형식을 규정해야 하며 그 고유한 기능도 밝혀야 할 것이기 때문이다.

결론부터 말하자면, 공동체를 사회적 체계들의 한 종류로 간주하기는 어렵다. 공동체를 전인격에 방향을 맞춘 소통의 자기생산 체계라고 규정하고 인격을 그 고유한 재진입 형식으로 간주하면, 공동체는 가족이라는 사회적 체계와 구별되기 어려워진다. 물론 가족 개념을 확장하여 가족을 비롯해 인격 지향이 강한 여러 사회적 체계들을 모두 공동체로 규정하는

---

11 장춘익, 「공동체와 커뮤니케이션 - 그 역설적 관계에 관하여 -」, 『범한철학』 제82집, 2016.

12 정성훈 외, 『협동과 포용의 살림공동체: 이론, 역사, 인천 사례』, 보고사, 2019, 59~61쪽.

방법도 있다. 그런데 루만이 친밀관계들과 가족적 소통을 규정할 때는 '전인격 지향(full person-oriened)'과 '인격 지향(person-oriented)'이란 표현을 돌아가며 썼지만 그룹에 대해서는 '인격 지향'이라는 표현만 썼다는 점에서, 두 표현 사이에는 정도 차이 혹은 스펙트럼이 있다고 볼 수 있다. 그리고 그룹이 갖는 인격 지향은 조직들 중 일부도 어느 정도 갖고 있다고 볼 수 있다. 그래서 '인격 지향'이라는 다소 모호한 기준을 사회적 체계들의 작동적 폐쇄 원리로 간주하기는 어렵다.

더구나 공동체 개념을 '확장된 가족' 혹은 '친밀공동체'에만 한정할 경우 그 폭은 지나치게 좁아진다. 예를 들어, 이 책의 2부에 실린 글들에 그 입론 과정이 서술되어 있는 친밀공동체는 그 중심에 있는 친밀관계들을 강조함으로써 좋은 삶을 위한 공동체의 범위를 좁힐 수 있다. 더구나 친밀공동체론은 그 모델을 공동육아에서 출발한 도시공동체에서 가져왔기 때문에 좋은 삶의 가능성을 낭만적 사랑의 의미론을 보존하는 데 국한할 수 있다. 그래서 친밀공동체론은 역설적으로 근대적 핵가족을 강화할 수 있는 발상이 되어버릴 수도 있다.[13] 물론 친밀공동체론은 친밀관계들을 기초로 한 좋은 삶을 위한 공동체의 한 가지 실천 모델로서 충분히 중요한 의미를 갖는다.[14]

---

13  이 책의 4장에 실린 친밀공동체론에 대한 박구용의 평가 중에서 "그렇지만 친밀공동체를 해체되고 있는 낭만주의 사랑을 보완하는 역할로 한정하는 것은 그것의 의미 지평의 확장을 이론적으로 제약할 위험성이 있다고 판단된다. 왜냐하면 다양한 형태로 형성될 가능성이 있는 친밀공동체는 가족의 해체를 지연시킬 수도 있지만 역으로 강화할 수도 있기 때문이다."라는 부분은 타당한 지적이다. 박구용, 「친밀성의 구성과 구조의 전환」, 『대동철학』 제93집, 2020, 187~188쪽.

14  이 책의 2부에 친밀공동체론을 정립하던 시기의 세 논문을 함께 실은 이유는 1부에서 전개한 좋은 삶을 위한 공동체에 관한 입론이 한국에서는 아직 공동육아에서 시작된 친밀공동체보다 구체적이고 활발한 실천 모델을 제시하기 어렵기 때문이다.

공동체는 체계이론적 개념으로 보기 어렵다. 즉 체계와 그 환경의 구별을 사용하는 관찰자는 볼 수 없는 개념이다. 그런데 루만 자신이 체계이론적 관점에 따라서만 개념을 사용하는 것은 아니다. 그의 사회이론은 일반 체계이론뿐 아니라 매체이론, 진화론 등 여러 가지 이론적 자원들을 활용한 이론이다. 그래서 그는 체계 개념으로 파악할 수 없는 인간에 관해서도 "사회학과 인간"이라는 제목으로 사회학적 계몽 시리즈에서 다룬 바 있다. 공동체 역시 체계/환경 구별에 따라 자기지시적–자기생산적 체계들의 한 종류로 간주하기 어려운 개념이다. 이 개념은 상호작용들과 사회 사이에 있는 무수한 사회적 체계들 중 결정을 통해 재생산되고 역할 지향이 강한 조직들을 제외한 여러 사회적 체계들이 가질 수 있는 특성 혹은 속성에 대한 규정이다.

그래서 나는 공동체 개념을 다음과 같이 잠정적으로 규정하고자 한다: **상호작용들과 사회 사이에 있는 여러 사회적 체계들 중에서 인격에 방향을 맞춘 소통들의 연관이 해당 체계의 자기생산에서 주요한 촉매가 되는 것들을 공동체라 부를 수 있다.**

## 4. 기능적으로 분화된 사회에서의 좋은 삶과 살림공동체 재론

근대 이전의 사회에서 인간이 사회적 삶을 영위하기 위해서는 특정한 가정경제 공동체의 구성원이어야 했다. 사회로의 포함(inclusion)은 언제나 어떤 가문에 속한 누구로서만 가능했다. 현대 사회에서도 아이들은 대부분 가정에서의 돌봄을 필요로 하지만, 그들이 성장한 이후 취업, 연애, 법적 소송, 정치 활동 등 사회에 포함되는 과정에서는 그들이 어떤 가족의 구성원인가는 문제가 되지 않는다. 사회적 자본이라 불리는 간접적인 영향을 무시할 수 없지만, 교육, 과학, 경제, 법 등의 기능체계들과 기능 영역별 조직들로의 포함에 있어 공동체라 불릴 수 있는 특정한 사회적 체계의 소속 여부는 '블라인드'로 처리된다. 그런 의미에서 현대적 삶은 소속된 공동체 없이도 가능한 삶, 공동체 테러의 위험이 적은 삶, 따라서 긍정적인 의미에서건 부정적인 의미에서건 해방된 삶이라고 말할 수 있다. 자유로운 삶이라고 말할 수도 있지만 내버려진 삶이라고 말할 수도 있다. 그래서 개인주의, 자유주의, 능력주의 등으로 불리는 이러한 삶은 고대적 의미에서의 '좋은 삶'은 아닐지라도 훌륭한 가문에서 태어나지 않은 많은 평범한 사람들에게 의욕적인 동기유발이 가능한 삶이다. 어떤 사회적 체계로의 포함 문제가 최종적으로 자기 자신에게 귀속되기 때문이다.

그런데 이러한 현대적 삶에는 세 가지 문제가 동반된다. 첫 번째 문제는 이러한 포함들을 위해 개인들에게 많은 노력이 요구된다는 것, 그리고 이런 노력이 실패할 수 있다는 것이다. 실패하지 않는다 하더라도 포함의 유지는 매우 불안정하다. 예를 들어, 상급 학교로의 진학을 위한 노력과 좌절, 그리고 진학 후에도 계속되는 도태의 두려움은 해방된 개인주의적 삶이 좋은 삶이 되기 어렵게 만든다. 경제에 포함되기 위한 취업 노력과 좌절, 그리고 해고의 두려움 역시 마찬가지이다.

두 번째 문제는 비교적 안정된 포함을 이루어낸 사람들의 경우에 만약 그가 포함되지 못한 사람들과 공존하는 삶을 살고자 한다면 연민을 비롯한 여러 가지 고통을 느끼기 쉽다는 것이다. 만약 그가 그런 공감 능력이 약하고 공존을 최대한 피하려는 사람이라 하더라도 그는 언제 어디서 불쑥 등장할지 모르는 배제된 자들로 인한 위협에 시달리게 된다.

세 번째 문제는 조직들에서의 역할 수행을 통해 기능체계들에 포함된 사람들에게는 자신의 전체 면모(전인격)를 표현하고 인정받고 싶다는 욕구가 생기는 경향이 강하다는 것이다. 익명적 사회 속에서 자신의 일부 면모만 드러내는 삶은 상당히 피곤한 일이다. 그래서 루만이『열정으로서의 사랑』에서 지적했듯이, 익명적 대중사회가 발전할수록 자신의 고유한 세계를 확인받을 수 있고 타인의 고유한 세계에 접근하려는 친밀관계에 대한 욕구가 동시에 커진다. 물론 연애나 우정에 대한 일체의 욕구도 느끼지 않고 가상세계의 관계들에 만족하며 사는 경우도 늘어나고 있다. 하지만 여전히 자신을 전체로서 확인받는 친밀관계에 대한 욕구를 가진 사람들은 충분히 많다.

나는 현대 사회에서의 좋은 삶은 이 세 가지 문제를 완전히 해결할 수는 없지만 계속 잘 풀어나갈 수 있는 삶이라고 본다. 그리고 이런 삶은 아리스토텔레스를 비롯한 헬라스의 철학자들이 말했던 좋은 삶을 현대적 조건에서 재해석한 내용과도 일치한다.

1장에서 보았듯이, 아리스토텔레스는 로고스를 사용하는 폴리스적 삶, 가난한 이웃을 돕고 공동체를 풍요롭게 하는 삶, 그런 삶 속에서 정의, 용기, 절제 등의 탁월함(덕)을 발휘하는 삶, 폴리스에서 동등한 자유인들과 나누는 친애, 그리고 여유를 기초로 한 관조적 삶 등을 좋은 삶혹은 행복의 구성요소들로 보았다. 이를 현대 사회의 조건에 맞게 재구성해보자면, **역할 수행을 위한 도구적 이성 사용에 머물지 않고 동료들과 토론하면서 소통적 이성을 발휘하는 것, 배제된 자들의 포함을 돕기 위해 기부하고 협동하는 것, 공동체라 불릴 수 있는 협동조직이나 시민단체에서 자원 활동을 하는 것, 그런 활동 속에서 서로 간에 인격에 방향을 맞추어 소통하는 관계들을 형성하는 것, 그리고 때로는 휴가를 내고**

**독서와 연구를 위해 혼자만의 시간을 갖는 것** 등일 것이다. 좋은 삶을
위한 이러한 구성요소들은 위에서 말한 세 가지 문제를 계속 잘 풀어나가
는 데 도움이 될 것이다. 그리고 이를 위해 그는 공동체라 불릴 수 있는
몇몇 사회적 체계들의 구성원이 되어야 할 것이다.

  나는 이런 공동체를 이전의 연구에서 '살림공동체'로 규정했다.[15] 한살
림 운동과 살림/살이 경제 등을 참조하여 남을 살리며 내가 산다는 의미
에서의 '살림'을 공동체에 대한 수식어로 사용했다. 좋은 삶을 위한 공동
체를 표현하기 위해 '살림공동체'는 여전히 유효할 뿐 아니라 확산 가능
한 표현일 것이다. 그런데 이 표현은 공동체를 경제 영역에 한정된 것으
로 오해하게 할 소지를 갖고 있다. '맞-경제(counter-economy)'의 공동
체, 즉 자본주의적 경제체계의 주류 거대조직들에 맞서는 동시에 보완하
는 사회적 기업, 자활기업, 협동조합 등으로 국한되어 이해될 소지가 있
다. 살림공동체를 입론할 때 나는 엄밀한 개념적 규정보다는 사회운동적
효과를 노린 면이 있기에 이러한 협소화는 어느 정도 의도한 것이기도
하다. 이제 여기서 도입하는 **'기능적으로 분화된 사회에서 좋은 삶을 위
한 공동체'라는 개념은 친밀공동체, 살림공동체 등을 포괄하는 현대적
공동체에 대한 포괄적이고 명확한 규정**이다.


## 5. 좋은 삶을 위한 공동체가 갖는 맞-기능

  기능적으로 분화된 사회에서 좋은 삶을 위한 공동체는 어떤 기능을

---

15  정성훈 외, 『협동과 포용의 살림공동체: 이론, 역사, 인천 사례』, 보고사, 2019, 35~44쪽.

갖는가? 나는 살림공동체를 입론할 때 그것이 "사회의 기능체계들에 대한 맞-기능 공동체 형성"이라는 기능을 갖는다고 말했다.[16] 여기서는 이 맞-기능(counter-function) 개념이 사회학적 기능주의의 역사에서 갖는 의미를 밝힌 후, 현대 사회에서 좋은 삶을 위한 공동체의 기능을 맞-기능으로 규정하고자 한다.

2장 4절에서 살펴보았듯이, 유기체의 구조와 기능에 대한 관념을 사회학으로 옮겨놓은 구조기능주의는 기능을 전체의 목적 혹은 구조 유지에 기여하는 수행성과(performance)로 규정했다. 그런데 구조기능주의 내부에서는 일찍이 역기능(dysfunction) 개념도 등장했다. 체계 내부에서 기능하는 부분들 중 일부는 오히려 전체의 목적 달성과 구조 유지에 장애가 된다는 것이다. 역기능의 문제는 과연 부분들의 기능이 전체의 목적과 어떤 인과관계를 가질 수 있는가에 대한 의문으로 발전했다. 그래서 루만 이전에 이미 기능주의 사회학에서는 '잠재적 기능(latent function)'과 '기능적 등가(functional equivalence)'에 관한 연구가 활발하게 이루어졌다. 루만은 이를 보다 철저하게 밀어붙여 목적 개념에 따른 인과기능주의를 기각하고 등가기능주의로 나아갔다. 그리고 사회적 체계들과 관련된 자신의 기능적 분석이 현존하는 것의 비개연성을 드러내고 기능적 등가물을 제시하는 데 도움을 줄 수 있다고 판단했다.

그런데 현대 사회의 기능체계들에 대한 루만의 연구는 각 기능체계들의 비개연성을 드러내고 그것들의 독립분화로 인한 생태학적 문제들을 드러내긴 했지만,[17] 도대체 그것들이 어떻게 대안적 기능들에 의해 대체

---

16  위의 책, 65쪽.
17  예를 들어, 루만, 니클라스. 『생태적 커뮤니케이션』, 에코리브르, 2014.

될 수 있는지에 대해서는 언급하지 않았다. 예를 들어, 루만은 교육 기간이 길어지면서 인간의 심리적 체계들에 미치는 부정적 영향을 언급하고 자연 생태 환경의 위기에 대해 분화된 기능체계들이 제대로 대처할 수 없다는 진단을 내리는 등 기능적 분화의 부정적 결과라 할 수 있는 것들에 대해 여러 차례 이야기했지만, 다른 잠재적 구조나 대안적 기능체계의 형성에 관해서는 언급한 적이 없다.

그렇다고 해서 내가 혹은 이 책을 읽는 독자들이 루만을 대신해 현존하는 기능체계들 중 어떤 것의 기능을 박탈하고 다른 기능체계를 대안으로 제시하는 일은 쉽지 않을 것이다. 20세기의 사회주의가 기능적 분화형식을 대체하지 못하는 결과를 낳은 후, 경제, 정치, 법, 교육, 과학, 예술 등 중 어느 하나가 기능하지 않는 사회를 상상하는 일은 어렵다. 우리는 루만 덕택에 이 기능체계들이 모두 자연필연성이 없는 우연적인 것들임을 잘 알고 있지만 말이다.

그렇다면 우리는 **바로 기능적 등가물 혹은 대안을 제시하기 위한 고민을 할 것이 아니라 현재의 기능체계들에 맞서는 소통들 혹은 보완하는 소통들에 대해 관심을 기울이는 쪽으로 방향을 바꾸어야 할 것이다.** 나는 이러한 **대결과 보완을 동시에 표현할 수 있는 용어로 '맞-기능 (counter-function)'을 선택**했다.

예를 들어, 대기업들이 주도하는 자본주의 경제체계에 맞서는 협동경제 조직들 혹은 상호부조 그룹들은 한편으로는 소유/비소유 코드에 따라 화폐를 매체로 한 지불 소통의 연관들로 이루어진 경제체계와 대결하는 것이지만, 다른 한편으로 보자면 경제체계의 외연을 확장해주는 보완 기능도 갖는다. 결성 시점에 자본주의에 대한 강력한 대결 의지를 갖고 시작한 협동조합이라 하더라도 그것이 화폐를 이용한 지불 소통들에 참여하는 한 자신의 의도와는 무관하게 경제의 자기생산을 실행한다. 그런데 이 실행은 어느 순간 기존의 경제 프로그램을 변화시키는 구조 변동을 촉발할지도 모르며, 심지어 머나먼 미래의 관점에서 보자면 사회 혁명의 한 계기일 수도 있다. 복잡한 사회에서는 어떤 소통들의 효과는 그 행위자의 의도와는 무관하게 되는 경향이 있다. 따라서 맞-기능에서 '맞'은 '대결'이 우선인가 '보완'이 우선인가를 따지는 것은 큰 의미가 없다.

그래서 내가 '살림공동체'로 명명했던 특성을 갖는 사회적 체계들의 확산이 현재의 경제체계를 약화시킬 것인지 아니면 오히려 강화할 것인지도 예단할 수 없다. 한국에서 제도화된 사회적 기업들은 결국 "포획된 저항"[18]에 불과할지도 모른다. 하지만 이 냉철한 진단이 수많은 협동경제 공동체들이 모두 포획되고 말 것이라는 비관적 전망으로 나아갈 필요는 없다. 그래서 '맞-기능'의 대결 기능과 보완 기능은 구별되기 어려운 것이다. 더 많은 사람들을 경제에 포함시키기 위한 살림 경제 조직들이 혁명적 기능을 할지 보완적 기능을 하는 데 머물지 등을 어떻게 예단할 수 있겠는가? 그런 의미에서 나는 '맞-기능'이라는 두 가지 의미를 함축하는 표현이 기능적 등가 혹은 대안을 모색하는 노력에 대해 적절한 표현이라고 본다.

선행 연구에서 이미 나는 맞-기능의 경제 외에도 교육, 돌봄, 정치 등을 언급했으므로, 여기서 사례들에 대한 추가 서술은 하지 않겠다. 여기서는 기능적으로 분화된 사회에서 좋은 삶을 위한 공동체는 맞-기능을 통해서 배제된 자들의 포함 기능을 갖는다는 점을 추가로 지적하고자

---

18  김주환, 『포획된 저항. 신자유주의와 통치성, 헤게모니 그리고 사회적 기업의 정치학』, 이매진, 2017.

한다.

　기능적으로 분화된 사회에서는 누가 사회에 포함되고 누가 사회에서 배제되는지의 문제를 규제할 중심기관이 없으며 배제를 정당화하는 규범적 기준 역시 효력을 잃는다. 그래서 원칙적으로는 "총체적 포함 논리", 즉 모두가 모든 기능체계에 참여할 수 있다는 논리가 관철되고 배제는 '잔여' 문제인 듯 보인다.[19] 총체적 포함 논리의 이데올로기적 표현인 자유와 평등은 끊임없이 확장될 것처럼 보인다. 그런데 각 기능체계들이 포함을 규제하게 됨에 따라, 그리고 구체적으로 보자면 교육에서는 개별 학교들이, 경제에서는 개별 기업들이 누구를 포함할 것인지를 결정하게 됨에 따라, 어떤 개인들에게는 배제가 연쇄적으로 일어난다. 가족이나 교육으로부터의 배제에서 시작해 경제적 배제, 법적 배제 등 연쇄적인 배제를 겪게 되면서 배제된 자들은 비가시화된다. 그리고 이런 사람들은 세계 도처의 틈새 지역에서 대규모로 거주하는 경향이 있다.

　이러한 극단적 배제를 겪지 않는 지역들에서도 연쇄적 배제의 위협은 준포함 상태의 사람들이 사회에 과도하게 통합되는 부정적인 효과를 낳는다. 취업을 준비하거나 불안정 노동에 종사하는 사람들은 배제되지 않기 위해 자신에 대한 인격적 대우를 어느 정도 포기하는 경향을 가지며, 사랑과 예술을 비롯한 덜 중요한 기능 영역으로의 포함 의지를 상실한다. 배제의 두려움은 경제로의 포함에 과도하게 집중하게 만들며 이로 인해 경제와 완전히 통합된 삶을 살게 된다.

　루만은 1990년대 초반 당시 브라질의 파벨라를 비롯한 수많은 비가시화 지역에 주목하면서 배제된 자들은 신체로만 고려될 뿐 인격으로 고려

---

19　루만, 니클라스. 『사회의 사회』, 새물결, 2014, 725쪽.

되지 못한다고 진단했다. 그리고 그는 향후 백년은 포함/배제가 기능적 분화를 침식하는 슈퍼코드(Supercode)가 될지도 모른다는 우울한 전망을 남겼다.[20] 최근에도 계속 수많은 난민들에 대한 뉴스를 접하지만 그들이 도대체 어디에서 어떻게 살아가는지는 잘 모르는 우리는 아직 이 우울한 전망에 대해 틀렸다고 말할 만한 증거를 찾기 어렵다.

공동체가 기능체계들의 중심부 조직들과 다른 점은 개인의 역할이 아니라 전인격에 주목한다는 것이다. 기능체계들은 학교를 그만둔 아이, 직장을 그만둔 어른, 제도권 학자의 길을 포기한 자 등에 대해 무관심하다. 그들은 비가시화된다. 인격에 방향을 맞춘 소통들이 이루어지는 공동체들에서는 아픈 사람, 힘든 사람, 사라진 사람에 대한 관심이 가능하다. 더구나 그런 공동체들이 친구들과 함께 사는 '좋은 삶'에 대한 지향을 갖고 있다면, '서로 살림'을 목적으로 한다면, 이런 공동체들의 맞-기능은 곧 기능적으로 분화된 현대 사회가 비가시화하는 배제를 가시화시키고 배제된 자들을 다시 사회에 포함하는 매개 기능을 할 수 있다. 그래서 **맞-기능의 기능을 사회학적 개념으로 표현하자면 '포함'이다. 흔히 쓰이는 대중적 표현을 사용하자면 '보편적 인권'이라고도 말할 수 있을 것이다.**

좋은 삶을 위한 공동체의 포함 기능은 안정된 포함 영역에 있는 사람들에게는 대략 세 가지 의미를 가질 것이다. 첫째, 앞 절에서 현대적 삶의 세 번째 문제로 이야기했던 것, 즉 기능체계들로의 포함이 역할로서의 포함에 머문다는 문제를 해결하는 데 도움을 준다는 것이다. 그는 그

---

20 Luhmann, Niklas. "Inklusion und Exklusion", *Soziologische Aufklärung Band 6*, 2005(제2판), p.243. 루만의 포함/배제 구별에 대한 더 자세한 설명은 정성훈, 「루만의 사회이론에서 포함과 배제」, 『도시 인간 인권』, 라움, 2013, 85~128쪽.

가 속한 공식 조직들에서는 드러낼 수 없었던 자신의 다양한 면모를 공동
체 속에서 표현할 수 있으며 이를 확인해주는 친구들과 우정을 나눌 수
있다. 둘째, 배제된 자들의 포함을 도움으로써 고통이나 두려움을 덜게
된다. 셋째, 이를 통해 자신에게도 일어날 수 있는 미래의 배제에 대비할
수 있다.

　마지막으로 이야기할 것은 기능적으로 분화된 사회에서 **좋은 삶을 위
한 공동체는 그것의 인격 지향으로 인해 구성원들의 신체, 생존 등에 대
한 관심을 동반하는 경향을 갖는다. 그런 의미에서 이런 공동체는 구체
적인 목적들의 차이가 있을지라도 돌봄공동체, 살림공동체라는 성격을
갖게 된다는 것이다.** 특히 그 구성원들이 물리적으로 가까운 거리에 사
는 지역 기반 공동체일 경우 돌봄 기능과 살림 기능은 더욱 커질 것이다.

# 2부

가족과 국가 이후의
공동체의 친밀성과 공공성

# 4장

# 친밀공동체와 도시마을

## 1. 도입

현대 사회에서는 '이웃', '공동체', '마을' 등으로 표현되는 사회적 관계들이 사라지고 있다는 말을 많은 사람들이 한다. 현대인의 삶에서는 직장생활, 소비생활 등 서로 누구인지 잘 몰라도 각자 맡은 일만 하면 되는 관계들이 우위를 차지하기 때문이다. 그래서 현대인들은 이런 관계들에서 겪게 되는 스트레스를 고독한 자기성찰의 시간을 통해, 혹은 연애, 가족, 친구 등의 친밀관계들을 통해 풀어나간다. 자기가 사는 동네에서 가족을 넘어선 이웃과의 관계를 통해 이런 스트레스를 푸는 경우는 보기 드물다. 산업화와 도시화 과정의 사회적 관계 맺음에서도 여전히 혈연과 지연이 강하게 작용했던 한국에서도 이렇게 익명적 사회(Gesellschaft)가 우위에 서고 공동체(Gemeinschaft)가 약화되는 과정은 최근 급속도로 진행되었다. 이 글을 읽는 독자들 중에도 자기가 사는 아파트 단지 안에 서로 잘 알고 지내는 이웃이 거의 없는 경우, 가족과 직장 이외에는 자신이 구성원임을 강하게 느끼는 사회적 집단이 별로 없는 경우가 많을 것이다. 이런 삶의 특징을 흔히 '개인주의'라고 부른다.

나는 이러한 개인주의적 삶의 양식을 비판하고 이웃과 공동체를 회복하기 위해 이 글을 쓰는 것이 아니다. 이후의 서술 과정에서 드러나겠지만 나는 오히려 익명적 관계들이 우위에 있는 현대 사회로 인해 가능해진 개인주의를 옹호한다. 그리고 그러한 개체성을 보완하는 공동체의 유형을 '친밀공동체(intimate communities, Intimgemeinschaften)'라는 이름으로 정립하고자 한다. 또한 친밀공동체들이 생겨날 수 있는 기반이자 친밀공동체들 스스로의 생산물이기도 한 '도시마을(urban village)'[1]이라는 공간에 대해서도 살펴보고자 한다.

익명적이고 개인주의적인 삶과 양립하는 공동체에 대한 구상이라는 점에서 친밀공동체론은 사회 전체를 공동체로 만들겠다는 발상과는 거리가 멀다. 개인이 그가 맺는 모든 사회적 관계들에서 공동임을 느낄 수 있는 공동체 사회는 환상이거나 아니면 상상된 공동체의 이데올로기에 따른 전체주의 사회이다. 이에 대해서는 3장에서 다루겠다.

그렇다고 해서 친밀공동체론이 사회주의적 기획들과 대립하는 것은 결코 아니다. 5장에서 친밀성과 공공성의 상호관계를 논할 때 밝히겠지만, 친밀공동체는 공공 영역에서 자본주의적인 사적 영역에 맞서는 하나의 동력이 될 수 있다. 흔히 '사적 영역'으로 분류되는 친밀관계들의 확장이 '공적 영역'을 강조해온 사회주의적 기획들과 대립하는 것이 아니라 오히려 상호 보완 관계에 있다는 점, 그리고 이 두 가지가 서로를 상승시키는 관계를 맺는다면 '자본주의적인 사적 영역'을 통제하는 데 기여할

---

1 '마을공동체'라는 말이 더 널리 쓰이고 있지만, 나는 관계적 성격이 강한 개념인 공동체와 공간적 성격이 강한 개념인 마을이 불일치하는 경우도 있기 때문에 '마을'과 '공동체'를 구별해 사용하고자 한다. 공동체 개념은 마을 개념에 비해 그 규모의 탄력성이 커서 아주 작은 모임도 지칭할 수 있다.

수 있다는 점을 밝힐 것이다.

내가 친밀공동체라 부를 사회적 관계들과 이 관계들의 공간적 형태인 도시마을은 그저 이념적 지향에만 머무르는 것이 아니다. 전세계의 수많은 도시들에 현존하며 서울을 비롯한 한국의 대도시들에도 1990년대 중반 이후 확산되고 있는 현실 집단이요 현실 공간이다. 다만 지금까지는 예부터 있었던 여러 관계들 및 공간들과 구별되지 않는 명칭들, 즉 '도시공동체', '동네', '마을' 등의 막연한 이름으로 불리거나 그 출발점이 된 구체적 목적에 따라 '터전', '교육마을', '학교', '매장', '극장' 등으로 불리고 있을 뿐이다. 한국에서도 이렇게 새로 생겨나는 공동체와 마을이 기존의 것들과 어떤 차별성을 갖는지에 대한 관심이 일어나고 있다. 하지만 이 관심은 아직 '연구'라고 부를만한 수준에 이르지는 못하고 있는 것으로 보인다. 참여 관찰의 성격을 띠는 몇몇 논문, 보고서, 서적, 보도 등이 있지만 개념적 작업은 부족한 상황이다.[2] 이 글은 공동체와 친밀성에 대한 개념 정립을 토대로 이런 자생적 관심들을 연구의 수준으로 높이고자 한다.

이를 위해 2장에서는 1990년대 중반 이후 한국의 대도시들에서 새롭게 생겨난 공동체 혹은 마을에 관한 문헌들을 검토하면서 이런 공동체와 마을이 기존의 것들과 어떤 차별성을 갖는지 살펴볼 것이다. 그리고 이 차별성을 개념화하기 위해 우선 3장에서는 여러 공동체 유형에 대한 개

---

2 나는 '다른 것들과 구별되는 어떤 것'을 '대상(Objekte)'이라 부르고, '특정한 반대개념과 구별되는 어떤 것'을 '개념(Begriffe)'이라고 부르는 루만의 구별법을 따른다. Luhmann, Niklas. *Das Recht der Gesellschaft*, Suhrkamp, 1993, p.26. 막연한 지칭 대상이 아니라 뚜렷한 반대항을 갖는 개념을 정식화하는 작업이 '개념적 작업'이다. 친밀공동체는 현실적/상상된, 자발적/비자발적 등의 구별에 의해 개념적으로 규정될 것이다.

념적 구별을 시도한 후 친밀공동체의 개념을 정립하는 작업을 수행할 것이다. 이 작업을 기반으로 4장에서는 낭만적 사랑으로 대표되어 온 친밀관계가 위기에 처한 상황에서 친밀공동체가 갖는 의의를 짚어볼 것이다. 그리고 마지막 5장에서는 이런 종류의 사적 영역의 확장이 범사회적 공공성의 강화와 상호 상승 관계를 맺을 수 있음을 밝힐 것이다.

## 2. 공동육아에서 시작된 새로운 도시공동체의 특징

산업화와 함께 농촌의 인구가 도시로 이주하면서 성장한 한국의 대도시에는 여러 유형의 지역공동체들이 있었다. 단순한 이웃사촌부터 경제적 목적을 갖는 계모임, 자녀 교육과 관련된 학부모 모임, 종교 조직을 매개로 한 신앙 모임, 취미활동이나 지역자치운동과 연관된 주부모임 등이 그런 사례들이다. 이런 지역공동체들은 주로 전업주부들에 의해 주도되어왔고, 직업생활을 하는 남성들은 참여하지 않거나 참여하더라도 주변적인 역할을 맡았다.

이러한 주부 중심의 지역공동체들이 서로 매우 긴밀한 전인격적 관계를 맺는 경우, 그 관계는 대개 불평등한 성격을 가졌다. 나이나 사회적 지위에 따른 위계질서를 갖고 있거나 주도자와 순종자가 뚜렷이 구별되는 경우가 많았다. 군인 거주지역의 경우처럼 남편들의 지위를 따르는 경우도 있었다. 이것은 공동체의 구성원들이 익명적 도시사회 속에서 충분히 개인화되지 않은 사람들, 따라서 개체성에 기초해 평등한 관계를 맺기에는 어려운 사람들이었기 때문이다.

문화센터를 매개로 한 취미모임, 지방자치나 녹색소비를 위한 모임 등 비교적 최근에 확산된 모임들의 경우에는 그 구성원들의 관계가 비교적 평등하다. 하지만 그 모임들은 대체로 특수 목적만 추구하는 경향이 있기 때문에 느슨한 관계에 머무는 경우가 많다. 그래서 개체성을 기초로 한 모임들은 공동체라 불리기에는 대체로 도구적 성격이 강하다.

이러한 기존의 도시공동체들과 달리 직업생활을 하는 사람들을 포함하며 구성원들의 충분한 개체성을 전제로 그들 사이에 평등한 관계가 실현되는 공동체, 그러면서도 긴밀한 전인격적 관계를 맺는 새로운 성격의 공동체들이 1990년대 중반부터 생겨나기 시작했다. 서울과 그 주변 신도시에서 이런 공동체들은 주로 공동육아협동조합을 출발점으로 하고 있으며 다른 여러 형태의 협동조합들과도 관련을 맺고 있다.

1994년 8월, 서울시 마포구 우리어린이집 개원을 시작으로 확산된 공동육아협동조합들은 육아라는 특수한 목적을 위해 형성되었다는 점에서는 기존의 학부모 모임 같은 것들과 큰 차별성이 없다. 즉 육아라는 개인들의 '필요'[3]가 만들어낸 도구적 공동체로 출발한 것이다. 하지만 공동육아는 1980년대에 대학을 다니면서 개체성에 기초한 평등한 관계를 훈련받은 고학력 맞벌이 부부들의 참여로 형성되었기 때문에 여성들만이 아니라 남성들도 그 안에서 주도적 역할을 맡는다. 대부분의 공동육아 어린이집은 '아마'라 불리는 보육 참여 활동 및 시설 관리 활동을 엄마와 아빠 모두에게 의무로 부여하고 있다. 그리고 협동조합의 이사회를 비롯한 여러 운영기구에 아빠들이 적극적으로 참여하고 있다. 또한 부모조합

---

3  성미산마을의 역사를 회고하면서 유창복은 "마을의 시초가 된 어린이집을 비롯하여 그 이후 마을에서 이루어진 모든 활동과 사업은 어느 것 하나 필요에 의한 것이 아닌 것이 없다"고 회고한다. 유창복, 「나의 마을살이 10년 – 이제 마을하자!」, 『진보평론』 제43호, 2010, 68쪽.

원들은 교사들에게 아이들을 맡기는데 머무는 것이 아니라 직접 조합 운영도 하고 '아마'라고 불리는 보조교사 혹은 비상근 직원의 역할까지 한다. '아마'는 '아빠와 엄마'의 준말로써, 공동육아 어린이집에서 부모가 보조교사로 보육 활동에 참여할 때 불리게 되는 일반 명칭이다. 일일교사 역할을 하는 교육아마, 급식 보조를 맡는 주방아마, 아이들의 나들이 때 차량운전을 맡는 운전아마, 조합의 행사 때 아이들을 돌보는 행사아마 등 여러 가지 형태가 있다. 그리고 조합원들은 부모 교육과 친목행사, 친환경 먹거리 공동 구매 등의 장터 운영, 취미모임 등을 통해 육아공동체를 넘어선 생활공동체의 성격을 띠게 된다.[4]

이렇게 공동육아는 그 발전 과정에서 육아라는 특수 목적을 넘어서 개인들 간의 긴밀한 관계들을 형성함으로써 이웃과 가족 관계의 변화를 낳을 수 있는 잠재력을 가진 곳으로, 더 나아가 "대안적 가족 형태"로까지 주목받게 된다.[5] 이들은 부부간의 갈등을 비롯한 가족 내부의 여러 문제들까지 다른 가족들과의 대화를 통해 풀어나가며, 다른 가족들의 모습으로부터 새로운 부부관계를 위한 자극을 받는다. 예를 들어, 육아와 가사에 무관심했던 아빠가 틈나는 대로 어린이집 일을 돕고 설거지와 빨래를 하는 아빠로 변화한다. 출산과 함께 휴직한 후 남편에게 바가지만 긁던 엄마는 다른 엄마들과 애환을 나누는 것은 물론이고 어린이집을 매개로 마을사업을 통해 새로운 사회활동을 열어나간다. 이런 친교의 과정이 지속되면서 공동육아 조합원들은 어려운 일이 생겼을 때 친척에게 부탁하는 것보다 이웃의 조합원들에게 부탁하는 것이 더 마음이 편하

---

4  이부미, 『놀면서 자라고 살면서 배우는 아이들』, 또하나의문화, 2001, 179쪽 이하 참조.
5  류경희·김순옥, 「공동육아협동조합의 대안적 가족형태로서의 가능성 탐색」, 『한국가족관계학회지』 제5권 2호, 2000, 119~151쪽.

고 안심이 된다고 말한다.[6] 그래서 우리는 이들의 관계를 친밀관계라 불릴 수 있는 전인격적 관계에 근접해 있다고 평가할 수 있다.

그런데 공동육아가 아무리 육아공동체를 넘어선 생활공동체의 성격을 갖게 되었다 하더라도 육아라는 특수한 목적에 종속되어 있는 한 지속성을 가지기는 어렵다. 아이들이 초등학교에 진학하면 부모들도 협동조합을 떠나기 때문이다. 그런데 공동육아는 여러 지역에서 자연스럽게 초등학생 방과후교실의 설립으로 이어졌고, 마포, 강북, 과천, 부천, 고양 등에서는 도시형 대안학교 설립으로 이어졌다. 육아공동체는 교육공동체로 발전했고, 그에 따라 부모들의 친밀관계도 지속되면서 깊어졌다.

이렇게 육아공동체가 교육공동체로 이어져 친밀관계의 지속성이 보장된 지역들에서는 다른 목적을 갖는 협동조합들과 공간들도 탄생한다. 친환경 먹거리의 필요 때문에 생긴 생활협동조합을 비롯해 반찬가게, 식당 등 경제적 성격을 갖는 협동조합들과 매장들이 생겼다. 극장, 방송국 등의 문화예술공간과 이를 이용한 동아리들이 지역 주민 스스로의 힘으로 생겼다. 특히 공동육아가 처음 시작된 마포구 성산동 일대는 개발사업으로부터 성미산을 지켜내기 위한 투쟁 과정에서 육아 및 교육과 무관한 지역 주민들까지 결합되면서[7] 육아공동체와 교육공동체를 넘어선 여러 협동조합들과 공간들이 가장 많이 생겨난 곳이다. 그래서 이곳은 2000년대 중반을 거치면서 자연스레 '성미산마을'이라 불리

6  류경희·김순옥, 「공동육아협동조합에의 참여를 통한 이웃과 가족 관계의 변화」, 『대한가정학회지』 제39권 11호, 2001, 198쪽.

7  공동육아 부모들을 중심으로 시작된 마포두레생협의 조합원은 성미산지키기 투쟁을 거치면서 마포구 전체 주민으로 확산되었고, 이 투쟁 과정에 결합한 노인들은 마을축제를 성사시키고 마을방송국을 운영하는 데 한 축이 되었다. 유창복, 『우린 마을에서 논다』, 또하나의문화, 2010, 47쪽 이하, 167쪽 이하, 214쪽 이하 참조.

게 되었다.[8]

과천의 경우, 공동육아 어린이집, 초등 방과후, 대안학교, 빵집, 협동
조합형 반찬가게, 공방 등이 특정한 동에 집중되어 있지 않고 외곽 지역
에 넓게 걸쳐 있기 때문에 마을이라고는 잘 불리지 않는다. 하지만 문원
동의 도시형 대안학교가 스스로를 〈무지개교육마을〉이라 부르고 여러
생활공동체의 허브로 기능하는 데서 알 수 있듯이 성미산과 비슷한 마을
을 지향하는 움직임이 활성화되어 있다.

성미산마을의 형성 과정과 전망을 다룬 유창복의 글을 살펴보면, 공동
육아에서 형성된 친밀관계를 기반으로 성장한 공동체가 기존의 도시공
동체들과 어떤 차별성을 가지는지 파악할 수 있다. 유창복은 성미산마을
에서 착수된 수많은 사업들이 성공함으로써 마을 사람들이 갖게 된 자신
감을 '마을신화'라 부르면서, 이 신화는 "자발성에 따른 현상"이라고 말
한다. 그는 자발성의 필요조건을 "개인의 필요와 욕구"로, 충분조건을
"협동"으로 규정한다. 전자의 인식이 협동의 당위성을 제공하고, 후자의
인식이 협동의 가능성을 제공함으로써, 계속 새로운 협동 시도로 이어져
"자발성의 지속적인 선순환의 고리"가 작동하게 되었다는 것이다.[9] 즉
자신의 필요와 욕구를 뚜렷이 자각하고 있는 개인들이 공동체적 협동이
야말로 그러한 개인적 필요의 해결을 위해 가장 효과적인 방도라고 믿게
됨(신화)으로써, 마을의 형성이 가능했다는 것이다. 그리고 유창복은 성
미산마을의 이미지를 "내가 나로 존재하고 나로서도 충분히 안전하고 편

---

8 성미산마을의 형성 과정과 현재 이 마을에 있는 조직들에 대한 개요는 문치웅, 「성미산
  마을의 역사와 현재」, 제1회 인간도시포럼 자료집 『인간도시만들기, 성미산공동체에
  서 배우다!』, 2011, 7쪽 이하 참조.
9 유창복, 「나의 마을살이 10년 - 이제 마을하자!」, 『진보평론』 제43호, 2010, 80~81쪽.

안한 마을"이라고 표현한다.[10] 개체성을 죽이는 협동이 아니라 개체성을 유지하고 발전시키는 협동이라는 것이다. 이런 표현들은 19세기에 마르크스를 비롯한 유럽의 여러 사회주의자들이 즐겨 썼던 말인 "각자의 자유로운 발전을 위한 연합"을 떠올리게 한다.

그런데 현대 도시의 삶에서 이렇게 자신의 개체성을 유지할 수 있는 공동체 형성은 쉬운 일이 아니다. 각자 다른 직장, 다른 종교, 다른 정치적 입장, 다른 경제적 이해관계를 가진 이들이 자신의 개체성을 유지하고 발전시키면서 협동하기란 매우 힘든 일이다. 그래서 개인주의를 용인하는 기존의 다른 도시공동체들은 특정한 목적을 성취하기 위한 도구적 성격을 강하게 가졌고, 그로 인해 관계 속에서 내가 나임을 확인하는 친밀관계들로 발전하기는 어려웠다. 현대 사회의 여러 익명적 관계들이 역할(직원, 교사, 군인 등)로서의 나를 확인시켜주는 반면에, 친밀관계는 나를 나로서 확인시켜주는 관계라는 특징을 갖는데, 이는 쉽게 형성되기 어렵다. 게다가 19세기 사회주의자들이 꿈꾸었던 공동체는 익명적인 도시적 삶의 조건에 기초한 것이 아니라 그런 조건의 근본적 변혁을 전제로 한 것이었다.

그렇다면 유창복이 갖고 있는 마을 이미지는 과장된 것일까? 아니면 고학력 중산층이 주도했고 마을 형성 과정에서 힘겨운 투쟁 과정을 거친 성미산에서만 잠시 이루어질 수 있는 예외적 현상일까? 성미산마을을 다룬 문헌들과 언론 보도의 묘사를 보면,[11] 유창복의 마을 이미지를 주관

---

10  유창복, 위의 글, 97쪽.

11  조한혜정, 『다시 마을이다』, 2007, 139쪽 이하. 중앙일보 2011년 4월 1일자 기사 "[week&] 성미산 행복 마을". Pressian 2011년 1월 23일자 기사, "오늘은 옆집 가서 밥 먹고 자라. 성미산 마을, 도시공동체의 한계와 가능성은?" 등등.

적 과장이라고 폄하하기는 어렵다. 그리고 강북구 삼각산 재미난마을, 고양시 덕양구 행신동 일대 등 여러 지역에서 특별한 투쟁을 경험하지 않고도 성미산마을과 비슷한 마을이 형성되었다는 점에서 예외적 현상이라고 보기도 어렵다. 고학력 중산층에 제한된 가능성이라는 비판은 중요한 쟁점인데, 이후 이런 공동체들의 확산 전망과 관련해 뒤에서 다루겠다.

성미산마을 사람들이 개체성을 유지하고 발전시키면서도 특수한 목적에 종속되지 않는 협동을 할 수 있었던 것은 그들의 관계가 전인격적이되 제한적이라는 점에 있다. 전인격성과 제한성은 뭔가 양립하기 어려운 말 같다. 하지만 도시적 삶의 조건에서 전인격적 관계는 오직 제한된 관계에서만 가능하다. 도시인은 삶의 대부분의 시간 동안 자신을 '개체적 인격'이 아닌 '역할'로만 표현할 수 있다. 즉 '나'로서가 아니라 학생, 소비자, 점원, 소비자 등으로서 타인과 관계를 맺는다. 특정한 역할에 한정되지 않는 자기 자신을 표현하며 맺을 수 있는 전인격적 관계는 극히 제한된다. 대개 이런 관계는 연인, 아주 친한 친구, 가족 등의 범위로 제한되는데, 이런 친밀관계들이 확장됨으로써 성미산마을과 같은 도시마을에서 친밀공동체가 형성될 수 있었던 것이다. 실제로 도시마을에는 마을학교나 마을기업 등에서 일하는 사람들보다는 평일 낮에 마을 밖에서 직업생활을 하는 사람들이 훨씬 많다. 또한 유창복이 마을의 적정한 규모를 "아이를 혼자 다녀오게 할 수 있는 거리, 큰 찻길을 건너지 않아도 되는 범위, 걸어서 마실 다녀올 수 있는 정도" 등으로 표현하는 데서도 알 수 있듯이, 친밀공동체는 작은 규모의 공동체이다.

도시마을에서 각자의 자유로운 발전을 위한 연합 혹은 협동은 시간적·공간적으로 제한되어 있다. 한 개인의 삶의 시간 중 평일 저녁의 일부와 주말의 일부만이 공동체를 위해 쓰이는 시간이다. 또한 그러한 전인격적 관계는 직장이 있는 도심을 비롯한 대도시 전체에서 실현되는 것이 아니라 마을이라는 한정된 공간에서, 엄밀하게 말하자면 어린이집과 대안학교의 터전, 생협 매장, 마을카페 등 몇몇 장소에서 제한적으로 실현된다. 이렇듯 도시마을에서 개체성에 기초한 전인격적 관계는 시간적, 공간적으로 제한되어 있기 때문에 현대 도시의 익명적이며 기능적으로 분화된 삶과 양립할 수 있다.

그러면 이제 성미산마을을 중심으로 살펴본 친밀공동체가 기존의 도시공동체들 및 이상적 공동체 사회관과 어떤 차별성을 갖는지를 표로 정리한 후, 이 공동체 유형을 정립하기 위해 필요한 개념들을 차례로 정식화해보겠다.

| | 기존공동체1 (위계적 모델) | 기존공동체2 (평등한 모델) | 친밀공동체 | 이념적 공동체사회 |
|---|---|---|---|---|
| 개체성과 자발성 | 약함 | 강함 | 강함 | 강함 |
| 전인격적인 긴밀한 관계 | 경우에 따라 다르지만 대체로 강함 | 약함 | 강함 | 강함 |
| 시간적, 공간적 제한성 | 시간적 제한은 상대적으로 적으나 공간적으로는 강하게 제한됨 | 시간적으로도 공간적으로도 강하게 제한됨 | 시간적으로도 공간적으로도 제한되지만 기존공동체2보다는 덜 제한됨 | 시간적, 공간적으로 무제한적임. |
| 관여자들의 성비(性比) | 여성이 대부분 | 여성 비율이 높음 | 여성이 남성보다 적극적인 경우는 많지만, 비교적 남성 비율도 높음 | 여남이 동등한 비율 |
| 익명적 사회와의 양립 가능성 | 양립 가능하나 가정주부에 제한됨 | 양립 가능 | 양립 가능하나 특정한 공간적 조건이 갖추어져야 하며 관여자들의 자발적 노력 필요 | 양립 불가능, 근본적 변혁 필요 |

## 3. 친밀공동체의 개념

'공동체(community, Gemeinschaft)'라는 단어는 매우 폭넓게 쓰인다. 가족, 동아리, 동호회, 마을 같은 작은 단위들뿐 아니라 학교, 기업, 지방, 국가, 민족, 심지어 인류나 지구 전체까지도 공동체라 불린다. 과연 '공동성'이 있는 단위인지 의문스러운 공식 조직들에 대해서도 쓰이고 심지어 세계사회에 대해서도 쓰이는 폭넓은 외연을 갖는 단어이다. 내가 '친밀공동체'라 부르고자 하는 단위는 다른 어떤 공동체들보다도 공동체라는 단어의 본래 의미에 가까운 단위이다. 여기서는 현실적 공동체와 상상된 공동체의 구별, 자발적 공동체와 비자발적 공동체의 구별을 통해 우선 친밀공동체를 현실적이고 자발적인 공동체로 분류할 것이다. 다음으로는 친밀성에 대한 학적 논의들을 살펴본 후 친밀공동체 개념을 정립할 것이다.

우선 서로 잘 아는 사람들의 대면 소통을 기초로 하기 때문에 그 공동성이 쉽게 현실적으로 확인되는 단위들과 서로 모르는 사람들로 이루어져 있어서 그 공동성이 상상하기(imagining)의 산물인 단위들을 구별해야 한다. 앤더슨은 민족을 "대부분의 자기 동료들을 알지 못하고 만나지 못하며 심지어 그들에 관한 이야기를 듣지도 못하지만, 구성원 각자의 마음에 서로 친교(communion)의 이미지가 살아있기 때문에 상상된 것"[12]이라고 정의한 바 있다. 그런데 앤더슨이 이어지는 구절에서 대면관계의 범위를 넘어선 큰 마을도 이미 상상된 것이라고 말하듯이, '상상된 공동체(imagined communities)'에는 민족뿐 아니라 학교, 기업, 학회 등 일정

---

12 앤더슨, 베네딕트 지음, 윤형숙 옮김, 『상상의 공동체, 민족주의의 기원과 전파에 대한 성찰』, 나남출판, 2003, 25쪽.

규모 이상인 조직들과 도시, 지방 등의 단위들 또한 해당된다. 이런 상상된 공동체들과 달리 서로 잘 알고 있으며 날마다는 아니더라도 서로 자주 만나는 공동체를 우리는 '현실적 공동체(actual communities)'[13]라고 부를 수 있을 것이다.

그런데 현실적 공동체라고 해서 반드시 상상된 공동체보다 개인들에게 더 강한 영향력을 미치는 것은 아니다. 민족을 위한 자기희생의 사례에서 볼 수 있듯이, 이데올로기화될 경우 후자의 상상하기가 개인들에게 더 강한 영향력을 미칠 수 있다. 그럼에도 이러한 영향력을 개인들 사이에서 생기하는 현실적 공동성의 확인이라고 볼 수는 없다.

다음으로 우리는 개인들의 자발성에 기초한 공동체를 개체성과 무관하거나 개체성을 억압하는 비자발적 공동체와 구별할 필요가 있다. 우리 각자가 속해있는 현실적 공동체로 가장 쉽게 떠올릴 수 있는 것은 가족, 친족관계, 이웃관계, 친구모임 등이며, 학교 전체는 아니지만 같은 반이나 같은 동아리, 작은 규모의 직장, 작은 규모의 학회나 동호회 등도 떠올릴 수 있다. 그런데 이런 공동체들 중 상당수는 개인에게 미리 주어져 있는 것들이며, 나머지 것들의 경우 가입은 스스로가 선택한 것이지만 그 이후 탈퇴할 때까지 공식 결정에 의해 자발성이 강하게 억압당해야 하는 것들이다. 친족관계, 이웃관계, 같은 반 등이 전자에 해당한다. 자유로운 연애결혼에 의해 성립된 가족도 자식세대에게는 미리 주어져 있는 공동체들이다.

공동체주의자인 왈쩌(Michael Walzer)는 이런 공동체들을 "비자발적 공

---

13  여기서 '현실적'은 real이 아닌 actual임을 강조하고 싶다. 단순한 실재성 여부가 아니라 현재 활동하는 공동체이자 계속해서 활성화되는 것이라는 의미로 이해되기를 바란다.

동체(involuntary associations)"라 부르면서, 이것들이 개인의 정체성 형성에서 매우 중요한 역할을 한다는 점을 강조한 바 있다.[14] 후자의 경우는 구성원 자격 유지가 공식 결정에 대한 복종과 연결된다는 점에서 공동체라기보다는 '조직'에 가깝다. 조직은 구성원 자격 요건을 뚜렷이 하며 결정을 통해 재생산되는 사회적 체계이다. 그래서 조직은 그 구성원들이 자신의 심리적 동기와 무관하게 결정에 종속될 것을 요구한다. 친밀공동체는 그 구성원이 되는 과정은 물론이고 관계를 맺는 활동 과정 전반에서 자발성에 대한 억압이 적을 뿐 아니라 그 유지를 위해 자발성을 끊임없이 요구한다는 점에서 '자발적 공동체'라고 부를 수 있을 것이다.

　그런데 현실적인 동시에 자발적인 공동체라고 해서 그것들을 모두 친밀공동체라고 부를 수는 없다. 친밀공동체는 그 내부에 '친밀관계(intimate relations)'라 불릴 수 있는 사회적 관계들을 포괄하고 있어야 한다. 그런데 일상 어법에서는 물론이고 학적 논의에서도 한국어 '친밀'은 너무 폭넓게 사용되는 경향이 강하기 때문에 intimacy 혹은 Intimität의 발생에 관한 유럽 철학자들과 사회학자들의 논의를 우선 살펴보겠다.

　친밀관계 혹은 친밀영역이 현대 사회로의 이행 과정에서야 비로소 등

---

14　왈쩌, 마이클. 「자유주의와 자연 공동체」, 『자유주의를 넘어서』, 철학과현실사, 2001, 19쪽 이하 참조. 'association'은 '연합'이나 '결사'로 번역되는 것이 관행이긴 하지만, '비자발적'이라는 수식어와 '연합', '결사' 등의 단어는 잘 호응되지 않는 듯하여 '공동체'로 번역한다. '비자발적 공동체'는 '자연 공동체'로 번역되기도 한다. 그런데 왈쩌는 비자발적 공동체와 자발적 공동체를 구별하려 하기 보다는 우리가 속한 모든 공동체가 '자유로운 선택'에 의해서는 성립하지 않는다는 점을 강조하고 있다. 나 역시 '비자발적/자발적'의 구별이 현실에서는 뚜렷하지 않다는 점, 순수하게 자유로운 선택은 환상임을 인정한다. 하지만 한 개인이 자신의 인격적 개체성을 자각한 후에 선택한 공동체와 그렇지 않은 공동체의 차이는 설정할 수 있다고 판단하여, 왈쩌의 의도와는 조금 다르게 비자발적/자발적의 구별을 사용하고자 한다.

장한 것이라는 점에 대해서는 대부분의 학자들이 동의하고 있다. 루만은 중세 말에서 근세로 넘어가는 과정에서 친밀성이 어떻게 코드화되는지를 사랑의 의미론 변화를 통해 탐색했으며,[15] 기든스 역시 친밀성의 변형 과정을 탐색하면서 신분적 제약과 재생산으로부터 자유로운 낭만적 사랑을 출발점으로 삼는다.[16] 부르주아 공공성에 관한 연구 과정에서 문예적 공공성과 결부되어 있는 사생활 영역을 탐구한 하버마스는 친밀하게 형성된 인간성의 영역이 '부르주아적 핵가족'과 함께 등장했다고 보며,[17] 아렌트는 고대의 '정치적인 공공 영역'을 파괴하고 공공화된 사적 영역인 현대의 '사회적 영역'에 대립하는 새로운 '사생활' 영역으로 친밀영역을 이해한다.[18] 따라서 친밀성은 그저 가깝게 지내는 관계에 대해 붙일 수 있는 몰역사적인 개념이 아니라 현대로의 이행 과정에서 일어난 사회구조 변동과 깊은 관련을 맺고 있는 개념이다.

그런데 위에서 언급한 학자들은 친밀영역의 범위나 의의를 조금씩 다르게 이해하고 있다. 아렌트는 친밀영역을 정치경제학적인 사회가 떠오르면서 과거의 오이코스(oikos)와 달리 가족이 경제적 기능을 상실하면서 나타난 공간으로 이해한다. 사적 공간이 위축된 것이 친밀영역인 것이다. 아렌트의 관심이 공공영역에 있기 때문인지 그는 친밀영역 자체에 대한 엄밀하게 규정하고 있지는 않다. 하버마스 역시 친밀영역 자체의

**15** 루만, 니클라스. 『열정으로서의 사랑』, 새물결, 2009. 이 책의 부제는 '친밀성의 코드화'이다.
**16** 기든스, 앤소니. 『현대 사회의 성 사랑 에로티시즘』, 새물결, 2003, 77쪽 이하 참조. 번역본의 제목은 원서의 부제이며, 이 책의 원제는 '친밀성의 변형(Transformation of Intimacy)'이다.
**17** 하버마스, 위르겐. 『공론장의 구조변동』, 나남출판, 2001, 122~127쪽.
**18** 아렌트, 한나. 『인간의 조건』, 한길사, 1996, 90~91쪽.

의의보다는 그것이 출판시장 및 문예적 공공영역과 맺고 있는 관계에
초점을 맞추고 있기 때문에 심도 깊은 탐구를 하고 있지 않다. 하지만
친밀영역을 '사랑의 공동체', '휴머니티의 형성이 이루어지는 교양의 공
간' 등으로 묘사하면서 그것을 주로 핵가족의 사생활 공간으로 이해한
다. 공공영역과 친밀영역에 관한 아렌트와 하버마스의 논의를 비판적으
로 검토하면서 푸코를 참조하여 친밀영역의 정치적 잠재성을 강조하는
사이토 준이치는 친밀영역을 "구체적인 타자의 삶/생명에 대한 배려·관
심에 의해 형성·유지"[19]되는 영역으로 규정한다.

기든스는 친밀성을 사랑과 섹슈얼리티의 관계로 이해하는 듯 보이며,
남성중심적 가족 이데올로기에 사로잡힌 낭만적 사랑의 친밀성을 여남
이 평등한 '합류적 사랑(confluent love)'의 친밀성으로 변형하고자 한다.
그리고 기든스의 친밀성 이해에 영향을 미친 루만은 친밀성을 가족으로
환원하지 않을 뿐 아니라 사랑이나 섹슈얼리티로도 환원하지 않는다.
루만은 현대 사회로의 이행기에 친밀성의 코드화를 둘러싼 경주에서 사
랑과 우정이 경합했다는 점을 지적하며, 그 경주에서 승리한 것이 섹슈
얼리티를 포섭하고 가족의 형식을 갖춘 사랑의 의미론인 낭만적 사랑이
라고 본다.[20]

이런 견해들을 총괄해보면, 친밀성은 한편에서는 신체적으로, 즉 생
명, 몸, 섹슈얼리티 등을 통해 규정된다. 다른 한편에서는 사회적 관계의
특징으로, 즉 사랑, 우정, 가족 등으로 규정된다. 하지만 외면적 규정만
으로는 다른 개념들과 구별되는 친밀성 개념의 독자적인 존재 이유를

---

19 사이토 준이치, 『민주적 공공성』, 이음, 2009, 106쪽.
20 루만, 니클라스. 위의 책, 126~127쪽. 루만은 우정이 섹슈얼리티라는 공생 메커니즘을
　이용할 수 없었기 때문에 사랑과 달리 독립분화된 친밀관계가 될 수 없었다고 말한다.

해명하지 못한다. 더구나 이 개념이 왜 현대적인지 해명되지 않는다. 타인의 생명에 대한 관심이나 섹슈얼리티에 대한 추구는 현대 이전에도 있었으며, 사랑, 우정, 가족 등도 그 형태는 다르지만 현대 이전에 있었다고 볼 수 있다. familiar도 lovely도 friendly도 sexual도 아닌 intimate라는 단어가 쓰여야 하는 독자성이 밝혀져야만 친밀성 개념이 성립할 수 있다.

친밀성 개념의 독자성과 현대적 성격에 대한 비교적 뚜렷한 해명은 앞서 언급한 논자들 중 루만의 연구를 통해 접근해볼 수 있다. 루만은 친밀성의 코드화를 역사사회학적으로 탐구한다. 그에 따르면, 사랑은 우정을 누르고 섹슈얼리티와 가족을 포섭해 '사랑하기 때문에 사랑한다'는 동어반복을 이용하는 친밀성의 코드로 자리잡게 되었다. 루만은 이러한 코드화가 "인격적 개체성의 사회적 발생"과 깊은 관련을 맺고 있다는 점,[21] 그리고 이러한 개체성의 성립은 '기능적 분화'라는 현대 사회의 주된 분화형식에 의해 이루어졌다는 점을 지적한다.

루만에 따르면, 생물학적 차원과 심리학적 차원에서 인간의 개체성은 초역사적 성격을 갖지만, 사회적 차원에서의 '인격적 개체성(personal individuality)'은 기능적으로 분화된 현대 사회에서 형성된 것이다. 전통 사회에서 개인은 특정한 가족 혹은 가문에서 태어남과 동시에 사회의 한 하위체계에만 속하게 된다. 그래서 가문과 구별되는 의미를 갖는 자신의 개체성을 사회적으로 표현할 필요가 거의 없었다. 그런데 현대 사회에서 개인은 "더 이상 사회의 하나의 부분체계에만 속할 수 없다."[22]

---

21  루만, 니클라스. 위의 책, 30쪽.

22  Luhmann, Niklas. "Individuum, Individualität, Individualismus", *Gesellschaftsstruktur und Semantik Band 3*, Suhrkamp, 1989, 158쪽.

개인은 더 이상 미리 주어져 있는 정체성에 의지할 수 없다. 자신을 야당 지지자로서(정치), 산업 노동자로서(경제), 기독교 신자로서(종교) 등등 여러 기능체계들에서의 역할들로서 표현할 수 있을 뿐이다. 이러한 역할 정체성들 중 어떤 것도 자기 자신과 동일화될 수 없다. 역할로서 관찰되는 개인은 언제든 그 역할을 맡을 수 있는 다른 인격들과 비교될 수 있고 다른 인격들에 의해 대체될 수 있기 때문이다.

이렇게 고정적 준거점이 없는 '분화된 자기'는 비교 불가능하고 대체 불가능한 자기 정체성(self identity)을 추구하게 된다. 이런 욕구를 실현하기 위해 개인은 혼자만의 방에서 일기를 쓰고 고독한 성찰의 시간을 가진다. 누구도 접근할 수 없는 내밀한 고유성을 추구하는 것이다. 하지만 고유한 자기의 추구는 역설에 부딪힌다. 일기 쓰기나 자기성찰은 모두 타인이 쓴 책을 보고 모방한 것이기 때문이다. '나는 나다'라는 동어반복의 추구는 모방된 수많은 술어로 대체된다. '나는 고독한 산책자다', '나는 초월자이다' 등등으로. 그런데 이 술어들이 차례로 부정되는 역설에 빠지게 된다. '고독한 산책자는 진짜 내가 아니다', '초월자는 진짜 내가 아니다' 등등의 부정은 나의 정체성을 역설에 빠뜨린다.

개인은 이러한 역설을 풀어나가는 과정을 혼자서는 감당하기 어렵다. 그래서 특별한 사회적 관계 속에서 자신의 유일무이함을 확인받고자 한다. 개인들이 서로를 역할로서 인정하는 관계가 아니라 비교 불가능하고 대체 불가능한 유일무이한 세계를 가진 자로 확인해주는 관계가 친밀관계이다.[23] 친밀관계에서는 소통 불가능한 것, 즉 내밀한 것[24]을 소통하고

---

23  루만, 니클라스. 『열정으로서의 사랑』, 39쪽.

24  intimate는 '내밀한'으로도 번역 가능하며, 한국의 일부 학자들은 실제로 intimacy를 '내밀성'으로 번역하기도 한다. 하지만 내밀한 것을 소통하고자 하는 사회적 관계를

자 한다. 물론 내밀한 것을 투명하게 공유한다는 것은 불가능한 일이지만 친밀관계에서는 그러한 가상을 갖고 소통한다. 근대 초기에 이러한 관계의 의미론을 제시한 것, 즉 친밀관계의 모델을 제시한 것은 소설이었다. 오늘날에는 영화와 음악이 제공하고 있는 것으로 보인다. 사랑의 의미론이 널리 확산됨으로써, 매우 비개연적인 소통들이 이루어지는 관계들이 지극히 정상적인 것으로 되어간다.[25] 서로의 족보도 모르는 낯선 두 사람이 만나 각자의 고유한 세계를 서로 온전하게 받아들여야 하는 소통들을 지속하는 관계는 현대 이전에는 매우 비개연적인 것이었기 때문이다.

따라서 친밀관계는 기능적으로 분화된 사회에서 인격적 개체성을 추구하는 자들 사이에서만 성립된다. 그들이 소통 불가능한 내밀한 것들을 서로 공유하고자 하면서 서로를 유일무이한 세계를 가진 인격으로 확인해주는 관계가 친밀관계이다. 그러한 관계는 섹슈얼리티와 결합하기 쉽고 결혼으로 이어질 수 있지만, 그런 요소들은 친밀관계에 동반되기 쉬운 특징일 뿐 친밀성을 다른 개념들과 구별해주는 기준은 아니다.

이러한 친밀성 개념에 따라 우리는 일단 친밀공동체를 "현실적이고 자발적인 공동체이며, 이 공동체에 관여하는 인격들이 서로를 기능적 역할로서 인정하는 데 머물지 않고 유일무이한 세계를 가진 인격적 개인으로 서로를 확인해주는 소통들의 비중이 높은 공동체"라고 잠정적으로 규정할 수 있을 것이다. 여기서 '비중이 높다'는 표현은 연애관계와 달리

---

표현할 때, '내밀관계', '내밀공동체' 등의 표현은 그리 적절해보이지 않는다. '내연관계'가 떠오를 수 있기 때문이다. 그래서 나는 '친밀성'을 기본 번역어로 택하되, 그 커뮤니케이션의 내용을 표현할 때만 가끔 '내밀한 것'이라는 표현을 쓴다.

**25** 루만, 니클라스. 위의 책, 22쪽.

친밀공동체가 다수의 사람들 사이의 다수의 관계들로 이루어지기 때문에 그 내부의 모든 관계가 항상 친밀관계라고 불릴 수 있는 수준에 이르기는 어렵다는 것을 뜻한다.


## 4. 친밀관계의 위기와 친밀공동체의 의의

지금까지의 연구들에서 친밀관계의 예로는 주로 연애관계, 가족관계 등 둘만의 관계를 기초로 한 집단만이 언급되어 왔다. 하버마스가 예로 드는 핵가족, 기든스가 예로 드는 낭만적 연애 혹은 합류적 연애, 루만이 예로 드는 우정과 연애는 모두 활성화되기 시작할 때는 주로 둘만의 관계이다. 친밀관계가 소규모일 수밖에 없는 것과 관련해 루만은 인격적 관계들을 맺을 가능성의 확장은 비연격적 관계를 맺을 가능성의 증가와 달리 단순한 외연 확장으로 파악될 수 없다고 말한다. "각 개별 인간에게 그러한 외연 확장은 금방 과도한 요구로 인한 한계에 부딪힐 것"이기 때문이다. 그래서 "사회적 관계들 속에서 인격적 계기는 외연적으로 확장될 수 없으며 단지 내포적으로 밀도가 높아질 수 있을 뿐"[26]이다.

그렇다면 우리가 앞에서 살펴본 도시마을에서 생겨난 새로운 유형의 공동체를 '친밀관계'라고 부르는 것은 과도한 것이 아닐까? 함께 육아를 하고 함께 반찬을 만들고 함께 텃밭을 일구는 공동체 하더라도 그 안에 있는 모든 사람들 사이의 관계가 친밀관계라 불릴 수 있을만한 수준에 도달하는 것은 아니다. '또 하나의 가족'이라 부를 만큼 친한 사이, 그래

---

26  루만, 니클라스. 위의 책, 28쪽.

서 루만이 우정이라 부른 관계만큼 친밀한 사이도 있지만, 협동조합의
기본적인 권리와 의무를 행사하기 위해 필요한 만큼 관계를 맺고 사는
사이도 많다.

나는 주로 소수의 사람들 사이에서만 가능한 밀도 높은 관계인 친밀관
계와 구별해 "기본적인 친밀관계들을 보완하면서 다수의 친밀관계들이
동시에 혹은 순차적으로 생성되고 약화되고 강화되는 것이 반복적으로
일어나는 관계망"을 '친밀공동체'로 규정하고자 한다. 그리고 친밀공동
체의 기반구조이자 동시에 친밀공동체의 산물인 '도시마을'은 "이러한
관계망이 형성될 수 있는 장소들을 포괄하는 공간"을 지칭하는 개념으로
쓰고자 한다. 친밀관계에 대한 지금까지의 이론적 논의와 달리 필자가
소수의 관계보다 외연이 넓은 공동체 개념을 도입하고자 하는 이유는
이러한 공동체가 낭만적 사랑의 의미론이 처해 있는 위기 상황을 극복할
수 있는 방책의 하나라고 보기 때문이다.

18세기 말부터 친밀관계를 대표하게 된 낭만적 사랑의 의미론은 열정
적 사랑의 의미론이 섹슈얼리티를 포섭하고 "무제한적으로 상승될 수
있는 개체성을 포함"하고 "지속성에 대한 전망을 갖고 결혼과 화해"함으
로써 성립되었다.[27] 그런데 20세기에 들어와 낭만적 사랑은 그 비현실성
과 남성중심성을 폭로당하며 젊은 세대의 성문화와 충돌하게 된다. 둘
만의 사랑이 갖는 시간적 한계에 대한 생물학적, 심리학적 지적들과 높
은 이혼율 통계는 낭만적 사랑의 비현실성을 폭로한다. 그리고 낭만적
사랑은 남녀가 평등한 가정을 이상으로 내세우고 있지만, 이런 이상이
남성은 직장생활, 여성은 육아와 가사노동으로 역할이 분담된 현실에서

---

27  루만, 니클라스. 위의 책, 210쪽.

생겨나는 불평등을 무마하는 이데올로기로 기능한다는 비판을 받아왔
다. 또한 성문화가 개방적으로 변하고 결혼 연령이 늦추어짐에 따라 섹
스와 사랑, 섹스와 결혼, 사랑과 결혼 사이의 동기화(synchronization)는
거의 불가능해졌다. 게다가 개인적 자기실현의 욕구가 강해지면서 섹스
도 결혼도 아닌 친밀관계로서의 사랑 자체가 매우 어려운 일이 된다. 루
만이 지적하듯이 "파트너를 찾아 그를 묶어둘 수 있는가"가 "문제"가 되
어버린다.[28] 개인들은 더 이상 서로를 이해해나가는 끊임없는 상호침투
를 지속할 만큼 끈질기지 않으며 한가하지도 않다. 한국에서도 출산 포
기와 결혼 포기에 이어 이제 연애 자체를 포기하는 젊은이들이 점점 더
늘어나고 있다.

　이러한 친밀관계의 위기를 극복하기 위한 대안으로 기든스는 "합류적
사랑"을 제시한다. 그에 따르면 합류적 사랑은 "동성애적 사랑에까지 확
대"되었다는 점과 "파트너 각자의 섹슈얼리티를 관계를 일궈가기 위해
꼭 협상되어야만 하는 하나의 요소로 인정하여 사랑 속에 포함시켰다는
점"에서 낭만적 사랑과 차이를 갖는다.[29] 그리고 이러한 친밀성의 변형은
"개인적인 것의 철저한 민주화" 혹은 "성적 민주주의"를 통해 가능하다고
말한다.[30]

　그런데 동성애로의 확장은 사랑이 처한 현재의 난점을 극복하는 대안
이라기보다는 다양한 연애 형태에 대한 사회적 인정을 촉구하는 것일
뿐이다. 문제는 낭만적 사랑에 내재된 남성중심성을 과연 둘만의 '협상'

---

28  루만, 니클라스. 위의 책, 229쪽. 여기서 루만은 사랑이라는 코드의 형식이 '이상'에서
　　'역설'을 거쳐 '문제'로 전환되었다고 말한다.

29  기든스, 앤소니. 위의 책, 110~111쪽.

30  기든스, 앤소니. 위의 책, 269쪽.

이나 '개인적인 것' 혹은 '성적인 것'의 '민주화'를 통해 극복할 수 있는가
이다. 객관화될 수 없는 두 사람의 관계에서 과연 협상의 공평성이나 관
계의 민주성을 측정할 지표가 마련될 수 있을지 그리고 엄정하게 유지될
수 있을지 의문이다. 게다가 친밀 커뮤니케이션이 경제적 등가교환이나
정치적 평등주의의 수사에 의해 조절된다면, 이것은 친밀관계의 독립성
을 훼손하는 결과를 낳을지도 모른다. 익명사회에서 합리적으로 추구되
는 원칙이 어쩌면 상당히 비합리적이기 때문에 유지될 수 있는 관계에
침투한다면, 그런 관계를 더 이상 친밀관계라고 부를 수 있을지 나는 의
문스럽다.

크리스티안 슐트는 "전략적 낭만"을 통한 "실용적 사랑"을 대안으로
제시한다.[31] 이 대안 역시 두 사람만의 관계에 한정된 대안이다. 게다가
열정과 실용성, 낭만과 객관적 시각 사이를 오가는 줄타기[32]를 과연 친밀
관계라고 부를 수 있을지 나는 의문스럽다. 물론 친밀성은 결국 거래나
전략일 뿐이라는 이차 관찰도 가능하며, 최근 그러한 통찰을 담은 서적
들도 나오고 있다. 하지만 당사자들이 그런 합리적 요소를 과도하게 강
조할 경우 친밀관계는 익명적 관계로부터 독립적인 의미를 갖기 어려워
진다.

이러한 대안들의 한계는 두 사람이 맺는 친밀관계의 변형만을 추구한
다는 것, 그리고 둘만의 관계에서는 실현하기 어려운 합리적 협상, 민주
화, 전략의 구사 등을 요청한다는 것이다. 이들은 연애 및 섹슈얼리티를
결혼과 떼어놓음으로써 낭만적 사랑의 한계를 넘어서고자 한다. 하지만

---

31  슐트, 크리스티안. 『낭만적이고 전략적인 사랑의 코드』, 푸른숲, 2008, 272쪽 이하.
32  슐트, 크리스티안. 위의 책, 300쪽.

친밀관계를 여전히 섹슈얼리티가 개입하는 연애관계로만 간주하기 때문에 둘만의 관계가 아닌 차원에서의 대안을 고민하지 못한다.

친밀관계의 위기를 극복하기 위한 대안의 하나인 친밀공동체는 둘만의 연애관계 혹은 부부관계에서의 대안이 아니라 그런 기본적 친밀관계를 보완하고 혁신하고 지원해주는 '우정의 네트워크'이다. 루만이 친밀성의 코드화를 둘러싼 경쟁에서 사랑에게 패퇴했다고 말한 우정, 오늘날에도 자주 사랑과 대립하고 있는 사회적 관계인 우정을 사랑과 상호 상승 관계를 이룰 수 있게 해주는 것이 바로 친밀공동체이다.

앞서 살펴보았듯이, 공동육아에 참여하는 부부들은 그들 사이의 우정을 통해 부부관계의 위기를 극복하거나 부부관계의 성격을 변화시키고 있다. 둘만의 관계에서는 갈등에 이르기 쉬운 밀도 높은 친밀관계를 상대적으로 밀도가 낮은 다수의 친밀관계들을 통해 보완하는 관계망의 성장이 도시마을을 형성시킨 동력이라 할 수 있다. 여기서는 사랑과 우정 사이의 경쟁이나 사랑과 사랑 사이의 경쟁이 잘 일어나지 않는다. 즉 수많은 미혼남녀들의 친밀관계들을 위협해온 경쟁이 잘 일어나지 않는다. 친밀공동체는 부부관계를 기본적인 관계로 전제하고 성립된 관계망이기 때문이다.

루만은 친밀관계에서는 "다른 많은 관계들에서보다 더 행위와 관찰의 차이가 일정한 역할"[33]을 하며, 이로 인해 갈등으로 치닫기 쉽다고 말한다. 상대를 좋아하는 행위와 상대의 행위를 체험하기 위한 관찰이 뚜렷이 구별되면서 끊임없이 교차해야만 타인의 내면성에 대한 추구가 가능하기 때문에 친밀관계에는 항상 애(愛)와 함께 증(憎)이 동반된다. 그래

---

33  루만, 니클라스. 위의 책, 58쪽.

서 자유연애를 통해 결혼에 이른 부부도 세월이 지나면 서로를 증오하는
관계로 변하곤 한다. 그리고 그런 끊임없는 갈등을 피하기 위해 서로에
대해 아예 무관심한 관계로 변하기도 한다. 낭만적 사랑의 의미론은 친
밀관계의 이러한 갈등적 성격을 상대적으로 무시했고 사랑의 시간적 한
계 또한 무시했다. 이러한 무시는 결국 여성의 인내를 통한 가족의 유지
라는 결과를 낳았고, 이는 낭만적 사랑이 남성중심주의에 불과하다는
비판에 직면하게 했다.

남성이 육아와 교육에 참여하도록 이끄는 공동체, 여성이 직장생활과
육아를 병행할 수 있게 도와주는 공동체, 전업주부가 마을 안에서 일자
리를 찾고 자아를 실현할 수 있게 해주는 공동체인 친밀공동체라는 관계
망 속에 부부관계가 있다면, 그들의 낭만적 사랑은 시간적 한계를 어느
정도 극복할 수 있을 것이다. 또한 남성중심주의로의 변질을 어느 정도
막아낼 수 있을 것이다. 물론 친밀공동체 내부의 관계들도 갈등으로 치
닫곤 한다. 실제로 여러 공동육아어린이집과 대안학교가 심각한 내부
갈등을 겪곤 했다.[34] 하지만 친밀공동체는 일대일의 친밀관계들과는 달
리 다수의 관계들이 얽혀 있기 때문에 갈등을 겪을 때 기존의 관계들이
재구성될 수 있다. 또한 새로운 인물의 유입을 통해 새로운 관계들이 형
성될 수 있다. 그래서 구성원들이 다소 교체될 수 있지만 공동체는 유지
될 수 있다.

수많은 학자들과 소설가들이 낭만적 사랑을 이데올로기로 간주하면서
비판하고 있지만, 지금도 여전히 수많은 젊은이들은 우연한 만남을 필연

---

[34] 조합원이 대거 탈퇴한 경우, 이로 인해 조합이 해산된 경우도 있었고, 조합이 둘로
갈라진 경우도 있었다.

적 관계로 이어가고자 애쓰고 있다. 그리고 비판자들 자신도 대부분 한 때 그러한 사랑에 몰두했을 것이다. 우리가 익명적 관계들이 지배적인 도시에서 살고 있는 한, 그리고 그런 관계들과는 다른 관계에서 자신의 인격적 개체성을 확인받고 싶어하는 한, 친밀관계에 대한 추구는 그것이 불행의 씨앗이 된다 하더라도 계속될 수밖에 없다. 이렇게 불안정한 친밀관계를 보완하고 혁신하고 지원하는 친밀공동체는 현대 도시의 삶에서 개인들이 자기 자신을 잃어버리지 않으면서도 협동하고 살아가는 데 기여한다.

## 5. 친밀공동체와 사회적 공공성의 관계

내가 친밀공동체라 부르는 집단들에 대해 꾸준히 제기되어온 비판은 그것이 고학력 중산층에 국한된 공동체라는 것이다. 공동육아협동조합이 운영하는 어린이집들은 국공립이나 민간 어린이집들과 달리 수백만 원대의 출자금을 내야 가입할 수 있으며, 별도의 조합비도 매달 내야하는 부담이 따른다. 도시형 대안학교도 의무교육기관에 해당되지 않기 때문에 적지 않은 학비가 든다. 물론 많은 사립 어린이집들이 영어교육 등 여러 가지 특기교육 비용을 받고 있다는 점, 그리고 공교육 학교를 다니는 경우 대안학교에 들어가는 비용보다 많은 사교육 비용을 지출하곤 한다는 점 등을 고려하면, 이들을 그저 돈많은 사람들이라고 부르기는 어렵다. 하지만 빈곤층이 공동육아나 대안학교에 접근하기 어렵다는 것은 분명한 사실이다.

친밀공동체론에 대해서는 또 다른 비판이 제기될 수 있다. 그것은 이 공동체가 결혼하여 자녀를 둔 사람들에만 해당되는 공동체라는 것이다. 최근 한국의 젊은이들이 심각한 취업난과 높은 집값으로 인해 출산은 물론이고 결혼과 동거조차 어려운 여건에 처해있다는 점을 고려하면, 이는 친밀공동체론이 갖고 있는 근본적인 한계이다.

그리고 이 두 가지 비판과 관련된 것으로, 친밀공동체는 결국 폐쇄적 집단의 사적 이익을 추구하는 것이며 사회적 연대와 공공성에는 기여할 수 없다는 혐의가 제기될 수 있다. 친밀공동체의 확산이 공적 영역을 위축시킬 수 있다는 비판 또한 가능할 것이다.

이러한 비판이나 혐의 제기는 모두 일견 타당한 것이다. 하지만 필자는 이러한 현실적 혹은 잠재적 비판자들이 고려해야 할 두 가지 지점을 언급하고자 한다. 그리고 이에 덧붙여 친밀공동체가 그 자체로 공공적 집단은 아니지만, 자본주의적인 사적 소유에 맞설 수 있는 잠재력과 사회적 공공성의 확장에 간접적으로 기여할 수 있음을 주장하고자 한다.

첫째, 친밀공동체들은 문턱 낮추기를 위한 노력과 사회적 연대를 위한 노력을 꾸준히 하고 있으며, 이 과정에서 저소득층의 새로운 친밀공동체들이 형성될 전망이 보이고 있다. 그리고 친밀공동체들은 육아와 교육의 공공성을 높이기 위한 제도적 개혁에도 앞장서 왔다.

여러 공동육아협동조합들은 출자금을 내기 어려운 저소득층이 공동육아로 쉽게 진입할 수 있도록 공적자금을 조성하고 있으며, 저소득 방과후나 빈민지역 어린이 도서관 설립과 운영을 후원하고 있다. 또한 이 조합들의 연합기구인 〈사단법인 공동육아와 공동체교육〉은 저소득 공동육아 기금을 적립하고 있으며, 공공교에 소속된 여러 '지역공동체학교'는 저소득 맞벌이 부부의 아이들을 돌보는 일을 하고 있다. 그런데 이런 노력만으로는 공동육아의 문턱을 낮추는데 한계를 갖는다. 공동육아뿐 아니라 한국의 여러 민간어린이집들의 재정적 부담은 결국 국가 차원의 공공육아 지원이 미약하기 때문이다. 그간 공공교는 여러 가지 제도적 개혁 노력을 통해 2005년 공동육아어린이집들을 '민간보육시설'에서 '부모협동보육시설'로 전환하여 승인받게 했으며, 국가와 지자체의 보육예산 확대를 위해서도 노력해왔다. 또한 일부 지역에서는 국공립어린이집을 사회적협동조합이 위탁받아 운영하는 경우도 있다.

도시마을 차원에서의 사회적 연대를 위한 노력도 활발하게 이루어지고 있다. 성미산마을에서는 돌봄두레를 통해 지역 노인들에 대한 간병 서비스를 하였으며, 마포연대, 마포장애인자립생활센터 등 시민운동적 활동도 활발하게 이루어지고 있다. 과천에서는 경마장 옆 비닐하우스촌에 서울에서 거주지를 구할 수 없는 형편에 있는 사람들이 모여사는 '꿀벌마을'이 형성되었는데, 2010년에 이 마을에 '붕붕도서관'이라는 어린이도서관을 만들고 운영하는 과정에 지역공동체들의 많은 사람들이 도움을 주었다.

둘째, 도시마을이 성장하는 과정에서 비혼 주민들이 친밀공동체들과 결합되고 있으며, 이 과정에서 새로운 관계들의 형성 가능성이 보이고 있다.

성미산마을 주변의 마포구 일대(주로 망원역, 합정역, 홍대입구역으로 둘러싸인 삼각지대)에는 2000년대 이후 여러 대안교육기관, 문화예술단체, 시민운동단체들의 공간이 생기고 있다. 홍대 근처가 청년문화의 중심지이기 때문이기도 하지만 성미산마을이라는 든든한 배후지대가 있다는 것도 이러한 공간 형성에 영향을 미치고 있다. 〈여성민우회〉, 〈환경정의〉, 〈녹색교통〉, 〈함께하는시민행동〉, 이렇게 네 단체가 함께 쓰는 건물은 성미산마을과의 접속을 위해 마을 안에 지어졌다. 이 건물 지하에는 성미산마을극장이 자리잡고 있다.[35] 이런 단체들의 비혼 활동가들이 마을의 친밀공동체와 만나면서 새로운 관계들이 형성되었으며, 마포구에는 공동육아에서 시작된 공동주택들뿐 아니라 비혼 청년들의 공동주택들도 등장했다.

마지막으로 짚어볼 것은 친밀성과 공공성의 상호 관련성이다. 이 관련성은 자본주의적 사적 소유에 맞서는 하나의 동력이 될 수 있다.

고대 그리스에서 폴리스(polis)와 오이코스(oikos)의 구별로부터 시작된 공(公)과 사(私)의 구별은 현대에 들어와 새로운 양상을 띠게 된다. 중세까지 공에 대립되는 부정적 가치였던 사는 이중의 의미를 갖게 된다. 하나는 '사적 소유', '사리사욕' 등의 표현에서 드러나는 의미이며, 이것은 공동의 것을 위협하거나 타인을 착취한다는 뉘앙스를 갖고 있다. 다른 하나는 '사생활', '프라이버시' 등의 표현에서 드러나는 의미이며, 이것은 개인적인 것을 존중해야 한다는 뉘앙스를 갖고 있다. 이 두 가지 의미의 사적 영역을 잘 구별하지 못할 경우, 현대 사회에서 사에 대한 공의 비판은 전체주의적 방향으로 치닫기 쉽다. 전자의 사적 영역이 공공성의 이념, 즉 누구에게나 열려 있어야 하고 공동의 것을 우선시해야 한다는 이념과 충돌하기 쉬운 데 반해, 후자의 사적 영역은 공공영역과 구별되면서도 상호보완적일 수 있기 때문이다. 중세에 '인민의 것', '공동의 것', '국가의 것' 등의 의미를 갖고 있던 공공성 개념에는 근대 초기에 독일어 Öffentlichkeit와 칸트 철학의 영향으로 열려있다는 의미, 널리 공지되어 있다는 의미 등이 더해진다. 그리고 프랑스 혁명 이후 '여론', '공론장' 등의 의미가 더해지면서 오늘날 복합적인 의미를 갖게 된

---

35 유창복, 『우린 마을에서 논다』, 113쪽.

다. 사이토 준이치는 오늘날 공공성 개념이 열려있는(open), 공동적인
(common), 관공적인(official)의 세 가지 의미가 서로 갈등하는 지형 속에
있다고 말한다.[36] 그래서 나는 공공영역에 대해 상호보완적일 수 있는
사적 영역을 사회적 차원에서는 '친밀성'의 영역으로 불러 배타적인 사적
이익 추구와 뚜렷이 구별하고자 한다.

하버마스와 아렌트의 공공성 개념을 비판적으로 검토하여 새로운 민
주적 공공성의 이념을 제시한 사이토 준이치는 친밀영역과 공공영역은
분석적으로 구별되지만 서로 대립하지 않을 수 있음을 강조한다.[37] 그리
고 그는 "오히려 새롭게 창출되는 공공권의 대부분은 친밀권이 전환되어
생겨난다"고 말하면서, 1990년대 후반 일본에서 일어난 수많은 직접민
주주의 실천은 "주민 사이의 '대화의 친밀성'에서부터 시작된 것"이라고
말한다.[38] 원자력발전소, 산업폐기물처리장, 군사기지, 토목건설 등 주
로 환경파괴적 공공사업에 반대하는 주민투표의 동력이 친밀 영역으로
부터 나왔다는 것이다.

친밀공동체에 기초한 한국의 도시마을도 일본의 경우와 비슷하게 국
가나 기업의 환경파괴적 사업에 대한 저항운동의 동력이 되었다. 성미산
마을을 육아공동체에서 도시마을로 성장시킨 결정적 계기였던 성미산지
키기 운동은 2001년 성미산에 배수지를 건설하려던 서울시상수도사업
본부에 맞선 마을 주민들의 투쟁으로 시작되었다. 2003년 서울시의 계

---

36  사이토 준이치, 위의 책, 18~20쪽 참조. 독일어 Öffentlichkeit의 개념사에 관해서
　　는 Hölscher, L. "Öffentlichkeit", Brunner, O., Conze, W. & Koselleck, R.(편),
　　*Geschichtliche Grundbegriffe Band 4*, 2004, 413~467쪽 참조.
37  사이토 준이치, 위의 책, 103쪽 이하.
38  사이토 준이치, 위의 책, 109쪽.

획을 철회시키고 성미산을 생태 숲으로 유지시킨 〈성미산을 지키는 주민
연대〉는 지방자치단체 선거에 구의원 후보를 내기도 했다. 1990년대 중
후반부터 과천에서 활발하게 전개된 환경운동과 이를 동력으로 지자체
선거에서 당선된 몇몇 진보적 시의원들 또한 그 대중적 지지기반을 공동
육아와 대안학교에 두고 있었다.

친밀공동체는 그 자체로 사회적 공공성을 실현할 수 있는 집단은 아니
다. 공동체 자체는 처음에는 그야말로 '우리끼리 잘 살자'고 모인 집단이
다. 하지만 타인의 노동을 착취할 수밖에 없기에 공공성과 충돌할 가능
성이 높은 자본주의적 기업들의 사적 영역과는 달리 친밀공동체라는 사
적 영역은 사회적 공공성의 요구와 양립할 수 있고 상호보완 관계를 맺을
수 있다. 친밀공동체가 그 자체로 사회적 공공성 실현의 중심일 수는 없
다. 하지만 공공영역의 새로운 의제를 제기하고 이를 대중적 힘으로 뒷
받침할 수 있다.

그래서 우리는 친밀성과 공공성의 이러한 상호 상승관계를 통해 자본
주의적 사적 영역에도 맞설 수 있다. 특히 도시의 토지 소유권 문제와
관련해 친밀공동체의 요구는 토지공공성의 이념에 호응하는 것이다. 친
밀공동체의 여러 터전들은 해당 조합원들이 공동으로 이용하는 공간일
뿐 아니라 나름의 규칙에 따라 외부의 개인들과 단체들도 이용할 수 있는
열린 공간이다. 즉 사적 공간이되 어느 정도 공적 공간으로 기능하는 공
간을 생산하는 양상을 보여준다. 친밀공동체의 공간은 법적으로는 사적
공간이지만 자본주의적 착취를 위해 이용되는 사적 공간들과 달리 공적
공간으로도 기능하는 것이다. 그리고 친밀공동체의 터전들 중 상당수가
임대이기 때문에 친밀공동체에 참여하는 사람들은 토지 소유로 불로소
득을 얻는 사람들의 이해관계와 대립하는 토지 정책 및 주택 정책을 지지

하는 경향이 강하다.

그래서 친밀공동체가 도시 공간에 대해 요구하는 권리는 르페브르 (Henri Lefebvre)가 '도시에 대한 권리'로 정식화한 것들과 여러 부분에서 겹친다. 이들은 터전을 짓고 가꾸고 터전 가까이에 있는 산과 들을 가꾸면서 '작품'으로서의 도시 공간을 생산하는 데 기여하고 있으며, 터전의 세입자로서 토지의 교환가치가 아닌 사용가치에 대한 권리, 즉 '전유 (appropriation)'의 권리를 요구하며, 도시 거주자가 도시 계획에 '참여'할 권리를 요구하고 있다.[39]

---

39  작품으로서의 도시에 관해서는 Lefebvre, Henri. "The Right to the City", *Writings on Cities*, Blackwell, 1996, p.149. 전유의 권리에 관해서는 같은 책, p.155 이하. 르페브르의 도시에 대한 권리의 내용을 개괄한 것으로는 강현수, 『도시에 대한 권리 - 도시의 주인은 누구인가』, 책세상, 2010, 28쪽 이하 참조.

# 5장

# 도시공동체의 친밀성과 공공성

## 1. 도입

'도시공동체(urban community)'는 여러 가지 의미로 쓰이는 개념이다. 도시 자체를 뜻하기도 하고 도시 속의 여러 공동체들을 뜻하기도 한다. 나는 후자의 의미로 사용하며, 특히 도시 속의 특정한 지역 혹은 마을에 근거한 공동체를 뜻하는 말로 사용한다. 특히 이 글에서 주목하는 친밀성과 공공성이라는 두 가지 가치 지향을 견지하는 도시공동체의 모델은 한국에서 공동육아를 출발점으로 하여 이웃관계의 생활공동체로 발전해 나간 곳들이다. 이 공동체들은 '마을공동체'라 불리기도 하며, 그간 한국의 여러 지자체들은 이 표현을 지원 사업 명칭으로 써왔다. 하지만 '마을공동체'를 영어로 번역하면 'village community'가 되며, 시골의 전통적인 마을로 오해될 여지가 많다. 그래서 나는 익명적 관계가 지배적인 현대 도시의 조건에서 개인의 자율성에 기초하여 형성된 공동체를 뜻하기 위해서는 'urban community'가 더 적합한 표현이라고 생각한다.

2012년 3월 서울특별시가 "마을공동체 만들기 지원 등에 관한 조례"를 제정한 이후 지금까지 마을기업, 마을공간, 부모모임 등 도시공동체를 지원하기 위한 수많은 사업들이 전국의 지자체들로 확산되었다. 대한민국 전체 차원에서는 도시공동체를 지원하기 위한 직접적인 법률은 없지만, 2007년 제정된 '사회적 기업법'은 여러 마을기업들이 생겨나는 데 기여했다. 그리고 2012년 12월 시행된 '협동조합기본법'은 작은 지역 단위의 경제 활성화를 중요한 효과로 고려하고 있다. 협동조합기본법 덕택에 마을 단위의 작은 협동조합들이 법인격을 획득하게 되었다. 그중에서도 기본법에 의해 배당 등의 영리활동을 하지 못하도록 규정된 '사회적 협동조합'은 상호부조사업을 할 수 있고 지정기부금단체가 될 수 있기 때문에 이 법은 공공성을 추구하는 도시공동체를 위한 간접적 재정 지원 효과도 갖고 있다.

이러한 지원책들은 관이 도시공동체의 '공공성(publicness)'을 인정한 것으로 간주할 수 있다. 도시공동체와 그것을 이루어 온 주요 동력인 협동조합들이 그 구성원들만의 사사로운 이익집단에 머무는 것이 아니라 지역사회와 국가 차원에서 공공적 기능을 한다는 판단이 있었기 때문에 법적, 제도적 지원이 이루어졌다고 볼 수 있기 때문이다. 과거 한국의 정부와 지방자치단체는 공공성을 관공적인 것(the official)과 동일시해온 경향이 있었고 지금도 많은 공무원들은 이런 인식을 갖고 있다. 1990년대에 지방자치제도가 도입되고 시민운동과 주민운동이 활성화되면서 이런 인식은 점차 변해왔다. 공공성은 공동의 것(the common)이며 열린 것(the open)이라는 인식, 그래서 관이 직접 주도하지 않는 영역도 공공적일 수 있다는 인식이 확산되었다. 이런 인식은 공적인 것은 아래로부터 구성되어야 한다는 민주주의 정신에도 부합한다. 공공성은 매우 다양하게 이해될 수 있는 개념이다. 나는 사이토 준이치를 따라서 공공성 개념을 일단 열려 있는(open), 공동적인(common), 관공적인(official)의 세 가지 의미가 서로 항쟁하는 지형 속에 있는 것으로 규정하고자 한다.[1] 이 중에서 뒤에서 살펴볼 아렌트가 강조한 것은 앞의 두 가지 의미이며, 이 글에서도 이 두 가지 의미가 더욱 강조될 것이다.

군사독재 시절 관변단체에 국한되었던 민간단체 지원이 1990년대에 정부 시책과 대립할 수도 있는 시민운동단체로 확대된 것이 이미 공공 영역의 지형 변화를 보여준다. 그런데 시민운동단체는 정당과는 구별되지만 대부분 명시적으로 공공의 권익을 대변한다는 목적을 갖고 있다는 점, 그리고 정부, 정당, 지자체 등에 직접 정책을 제공하기도 한다는 점에서 이 변화를 사적 영역의 공공화로 부르기엔 한계가 있다. 그에 반해 협동조합, 부모 커뮤니티, 품앗이 등 도시공동체를 이루고 있는 단체들 혹은 모임들은 공공복리를 지향점으로 갖기도 하지만 대개 일차적 목적은 그 구성원들의 권익과 친목에 둔다. 그들이 공공 정책에 직접 개입하는 일은 매우 예외적인 경우이다. 어찌 보면 자기들의 사적 이익만 추구하는 것으로 보이는 도시공동체의 공공적 기능을 인정한다는 것은 관공성으로 제한되지 않는 공공성 개념의 확장을 뜻할 뿐 아니라 공공 영역(public realm 혹은 public sphere)이 성립되고 활성화되는 동학에 대한 인식의 변화도 이루어졌다고 보아야 할 것이다.

여기서 잠깐 공공성과 관련된 나의 번역어 선택에 대해 설명하고 넘어가겠다. 나는 '공공 영역'이라는 말을 아렌트의 public realm과 하버마스의 Öffentlichkeit(public sphere 혹은 publicness)의 공통 분모 정도로 사

---

1  사이토 준이치, 『민주적 공공성』, 이음, 2009, 18~20쪽 참조.

용한다. 아렌트의 공공 영역이 곧 정치를 뜻하고 이와 구별되는 특별한 관공 부문을 설정하지 않는데 반해, 하버마스의 공공 영역은 공적 부문 (öffentliche Bereich 혹은 öffentliche Sphäre), 즉 공권력의 영역과 구별되는 것이다. 그럼에도 양자는 의사소통적 행위가 이루어지는 장이라는 점에서 비슷하며, 열린 것이자 공동의 것을 지향한다는 점에서도 비슷하기에 하나의 표현으로 쓸 수 있다고 본다. 다만 이후의 서술에서 각 학자의 특유한 발상과 결부되는 부분에서는 아렌트의 것을 '공적 영역'으로, 하버마스의 것을 한국어 번역본의 표현을 따라 '공론장'으로 사용할 것이다. 그리고 국가 공권력의 영역을 공공 영역과 구별되는 의미에서 쓸 때는 '공적 부문', '관공 영역' 등의 표현을 사용할 것이다.

나는 도시공동체의 공공성을 인정하는 관의 인식 변화와 지원에 대해 한편으로는 동의하지만, 다른 한편으로는 공공성에 대한 일방적 강조가 도시공동체 활성화의 동력을 갉아먹을 수도 있다고 판단한다. 이미 형성되어 더 넓게 열리고자 하는 공동체나 애초부터 공공 기능을 지향했던 공동체에게 더 공공적이기를 요구하는 지원은 효과적일 수 있다. 하지만 지금 형성중인 공동체나 공공 기능에 대한 지향이 없거나 미약한 공동체에게는 관이 요구하는 법적 기준이나 재정 지원 절차가 도시공동체의 주요한 형성 동력인 친밀성(intimacy)을 약화시킬 수 있다고 판단한다. 뒤에서 논하겠지만 도시공동체는 친밀성과 공공성의 긴장관계 속에서 활성화될 수 있기 때문이다. 그리고 현재 정부와 지자체가 도입한 지원 제도들 중 어떤 것들이 친밀성의 약화를 초래할 수 있는가에 대해서도 뒤에서 논할 것이다.

이 글이 우선 다루고자 하는 것은 공공성에 대한 인식의 변화를 낳은 사회철학적 혹은 정치철학적 논의이다. 1990년대 이후 우리에게 시민사회 개념과 공공성 개념에 관한 새로운 이해를 제공한 이론가들로는 안토니오 그람시, 노베르트 보비오, 존 듀이, 한나 아렌트, 위르겐 하버마스, 사이토 준이치 등을 꼽을 수 있다. 그중에서도 공공적인 것을 관공적인 것으로 환원될 수 없는 열린 언어적 행위의 장으로 규정한 아렌트(Hannah Arendt), 그리고 아렌트의 공공성 개념에 함축된 의사소통적 행위를 부각시키면서 공공 영역을 공적 부문(국가)과 사적 부문(사적 소유자, 가정) 사이에 위치지우고 공공 영역이 활성화되기 위한 전제로서 사적 자율성을 강조한 하버마스(Jürgen Habermas)가 최근 한국에서 공공성 개념의 새로운 이해와 공공 영역의 지형 변화에 상당한 이론적 영향을 미친 것으로 보인다.[2] 또한 아렌트와 하버마스의 공공성 개념을 비판적으로 수용하고 일본 시민사회와 친밀 영역의 공공화 과정의 경험을 접목하여 아래로부터의 공공성을 강조한 사이토 준이치의 연구를 비롯한 일본의 연구들도 최근 주목을 받는 것으로 보인다.[3] 정부 정책이나 지자체 정책의 직접적 입안자들이 이 학자들의 이론을 얼마나 이해하고 얼마나 수용하고 있는지는 확인하기 어렵지만 여러 정책 논의에서 이들의 발상이나 특유한 표현법들이 활용되고 있다.[4]

---

2  몇 가지 예를 들면 다음과 같다. 황태연, 「하버마스의 공론장 이론과 푸코 비판」, 『문화과학』 7호, 1995. 최갑수, 「서양에서 공공성과 공공영역」, 『진보평론』 제9호, 2001. 조한상, 『공공성이란 무엇인가』, 책세상, 2009. 홍성태, 「공론장, 의사소통, 토의정치 — 공공성의 사회적 구성과 정치과정의 동학」, 『한국사회』 제13집 1호, 2012.

3  민현정, 「일본 시민사회 성장과 공공성 재편 논의」, 『민주주의와 인권』 제9권 2호, 2009. 이상봉, 「대안적 공공공간과 민주적 공공성의 모색」, 『대한정치학회보』 제19집 1호, 2011.

4  조한혜정, 「후기근대적 마을이란 무엇이며, 우리는 왜 그것에 주목하는가? — 마을공동체를 위한 철학과 방법론」, 서울특별시·서울시정개발연구원, 『마을공동체 학술세미나 자료집』, 2012. 백선희, 『보육의 공공성 강화를 위한 정책 방안』, 한국보건사회연구원, 2011. (사)공동육아와공동체교육, 『서울시 공동육아협동조합 활성화를 위한 민

이 글에서 가장 중점적으로 다룰 학자는 하버마스이다. 흔히 '공론장'
으로 번역되곤 하는 그의 공공성 혹은 공공 영역의 개념⁵은 아렌트와 달
리 친밀 영역(intimate sphere)에서 형성되는 사적 자율성의 중요성을 지
적하고 있다는 점에서 오늘날의 도시공동체가 갖는 공공성을 설명하는
데 적합한 이론이다. 그리고 이런 적합성에도 불구하고 초기 부르주아
공론장 형성 과정 이후 친밀 영역의 재편에 관한 연구의 결여, 그리고
과도하게 합리주의적인 생활세계 이해로 인해 오늘날 도시공동체의 형
성 동력과 지향가치를 밝히는 데 한계를 갖고 있다. 또한 하버마스는 18
세기에 문예적 공론장을 열어젖힌 "핵가족적-친밀한 원천을 갖는 주체
성"⁶이 주로 남성 가장에게 해당되었으며 여성은 독자로서 대공중에 참
여하는 수준에 머물렀다는 점을 지적하면서도, 이후에 일어난 "가족적
친밀 영역의 은밀한 공동화"(공구변 264; SdÖ 244)를 부정적으로만 진단할
뿐, 어떻게 친밀 영역으로부터 공론장을 향해 새로운 여성적 주체성이
등장할 수 있는가의 문제에 대해 무관심하다.

그래서 2절에서는 『공론장의 구조변동』을 중심으로 하버마스의 공공
성 이론이 갖는 한계를 살펴볼 것이다. 3절에서는 친밀 영역의 재편에서

관협력방안』, 서울연구원, 2013.

5  독일어 Öffentlichkeit는 어원 자체로 볼 때는 '공공적인 것'이지만 오늘날 여론이 형성
되는 영역 혹은 공간으로 쓰이는 경우가 많다. 그래서 영어권에서는 이를 publicness
혹은 public sphere로 번역하며, 한국에서도 '공론장' 혹은 '공적 영역'으로 번역되곤
한다. 하버마스의 사용법에서도 대부분 공론장으로 번역하는 것이 무난하다. 하지만
때때로 그 어원에 따라 공공성으로 번역해야 적합한 경우도 있다.

6  하버마스, 위르겐. 『공론장의 구조변동』, 나남출판, 2001, 127쪽; Habermas, Jürgen.
*Strukturwandel der Öffentlichkeit*, Suhrkamp, 1990, 116쪽. 번역은 정확성을 위해
내가 약간 변경하였다. 이하에서 이 책으로부터의 인용쪽수 표시는 '(공구변 ***; SdÖ
***)'으로 본문 중에 삽입한다. 이하에서도 intim, privat 같은 형용사와 관련해 한국
어판 역자가 엄밀하게 구별하지 않은 표현들에 대해서는 내가 약간 바꾸어 쓸 것이다.

도시공동체가 갖는 의의를 살펴본 후, 도시공동체에서 친밀성과 공공성
이라는 두 가지 가치의 관계를 논할 것이다. 4절에서는 친밀성과 공공성
을 동시에 고려하는 도시공동체 활성화를 위해 관의 지원이 어떤 방향을
취해야 하는가를 밝힐 것이다.

## 2. 하버마스의 공공성 이론이 가진 한계

### 1) 공론장 형성에서 친밀 영역의 기능에 대한 주목

아렌트는 중세와 근대를 거치는 동안 그 본래의 의미가 잊혀진 고대의
공/사 구별, 즉 폴리스(polis)와 오이코스(oikos)의 구별을 상기시키면서
'공공적(public)'이라는 용어가 갖는 의사소통적 의미를 부각시켰다. 아렌
트는 공공적인 것을 첫째, "공중(public) 속에서 나타나는 모든 것이 모두
에 의해 보일 수 있고 들릴 수 있으며 매우 널리 알려질 수 있다는 것"[7]으
로, 둘째, "우리 모두에게 공동적(common)이며 우리가 그 속에서 사적으
로 소유한 장소와 구별된다는 점에서 세계 그 자체"[8]라고 규정한다.

모두에게 열려 있고 모두에게 공동적인 영역인 공공 영역을 아렌트는
노동(labor) 및 작업(work)과 구별되는 행위(action)가 이루어지는 영역으
로 간주한다. 노동 및 작업과 달리 행위는 자연필연성에 묶여 있지 않기
때문에 행위의 영역은 곧 자유의 영역이기도 하다. 아렌트는 행위를 "사
물이나 물질의 매개 없이 인간들 간에 직접 이루어지는 유일한 활동",

---

7   Arendt, Hannah. *The Human Condition*, The University of Chicago Press, 1998,
    p.50.
8   Arendt, 위의 책, p.52.

"다수의 인간들(men)이 지상에서 살아가며 세계에 거주한다는 사실"에 상응하는 것으로 규정한다.[9] 즉 인간들 간의 논의 혹은 의사소통이 이루어지는 영역이라고 말할 수 있을 것이다. 아렌트는 이러한 공공 영역을 정치적인 것으로 간주한다. 그런데 이때 정치적인 것은 국가나 관공적인 것으로 환원될 수 없는 것이다. 또한 정치경제학의 영역인 사회적인 것과 혼동해서도 안 된다. 그래서 아렌트의 공공 영역 개념은 우리가 비정부적 영역의 활동에 대해 공공적이라는 의미를 부여할 수 있는 기초를 제공한다.

아렌트는 폴리스와 오이코스 사이의 뚜렷한 구별을 강조한다. 그는 자유인이 정치적 활동에 몰두할 수 있도록 해주는 기반이라 할 수 있는 오이코스와 소유가 가진 고유함과 신성함을 강조한다. 하지만 근대의 사회적인 것(the social)으로부터의 도피처로 성립된 사생활(privacy)과 친밀성의 영역(a sphere of intimacy), 그리고 우정(friendship)에 대해서는 근대인의 순응주의(conformism)의 산물로 간주한다.[10] 아렌트에 따르면, 폴리스의 시민들 사이의 친애(philia)는 서로 다른 의견들을 갖고 논의(discourse)하면서 형성된다. 그에 반해 근대적 우정은 서로 각자의 마음을 털어놓을 뿐 의견 대립과 논쟁을 피하는 친구들 사이에서 형성된다. 그래서 근대적 우정에서는 참여자들의 행위 능력 및 언설 능력이 상실된다.[11] 아렌트는 차이를 가진 사람들의 행위를 통해서만 세계가 이루어진다고 보기 때문에 근대적 친밀성은 세계로부터의 소외이다. 그래서 아렌트는 근대의 사적 영역에서 탄생하는 새로운 주체성의 세계에 대해서는

---

9  Arendt, 위의 책, p.7.

10  Arendt, 위의 책, p.41.

11  Arendt, Hannah. *Men in Dark Times*, A Harvest Book, 1970, p.24.

무관심한 편이다. 그리고 이 주체성으로부터 열리는 새로운 행위의 장에 대해 주목하지 않는다.

하버마스는 아렌트의 영향을 받아 공공성을 의사소통적 행위와 연결시킨다. 그리고 고대에 공공생활에의 참여가 가장으로서의 시민의 사적 자율성에 의해 가능했다는 점에 주목한다. 하지만 근대의 사회적인 것과 사생활을 부정적으로 진단했던 아렌트와 달리, 하버마스는 18세기에 핵가족적 친밀 영역을 바탕으로 생겨난 '부르주아 공론장'에 대해 주목한다.

하버마스는 사적 영역이 사회적 재생산 영역과 사생활 영역으로 분리되던 시기에 핵가족에 의해 성립된 사적 자율성과 그로부터 나온 순수한 인간성의 관념이 "국가의 법과 마찬가지로 시장의 법칙도 정지"하며 "지위 전체를 도외시하는 일종의 사회적 교제"(공구변 107; SdÖ 97)의 공간인 '문예적 공론장'을 열었다고 말한다. 그리고 이 문예적 공론장의 인본성이 "정치적 공론장의 효율성을 매개"(공구변 133; SdÖ 121)하게 되었다고 본다. 따라서 하버마스에게 부르주아 공론장은 공권력에 맞선 공중의 논의가 일어나 여론이 형성되는 정치적 기능을 갖는다.

하버마스는 정치적 행위의 영역으로 발전한 공론장이 핵가족적 친밀 영역의 확장과 보충으로 발생했다는 것, 그래서 초기에는 "사적 영역과 공론장을 가르는 경계선이 집의 한가운데를 지나게" 된다는 점, 그리고 "사적 개인들은 그들 거실의 친밀함으로부터 살롱의 공론장으로 나온다"(공구변 120; SdÖ 109)는 점을 강조한다. 친밀 영역의 사생활 덕분에 스스로를 부르주아 상품 소유자임과 동시에 인간 혹은 가장(家長)으로 간주하는 사인(私人)이 생겨났고 공중에 참여하는 사적 개인의 자율성이 육성되었다는 것이다. 이렇듯 정치적 행위의 영역인 부르주아 공론장이 발생하는 과정에서 친밀 영역이 갖는 의의를 통찰했다는 점에서 하버마스는 아렌트가 가졌던 근대에 대한 비관주의를 극복한다.

## 2) 친밀 관계의 재편에 대한 관심의 부재

하버마스는 친밀 영역에 대한 아렌트의 비관주의를 극복한다. 하지만 개인의 사적 자율성을 가능하게 한 친밀 영역에 대한 그의 통찰은 친밀 관계의 한 양태인 핵가족에 국한되어 있다. 루만(Niklas Luhmann)에 따르면, 근대의 익명적 대중사회의 등장과 함께 출현한 친밀 관계의 초기 모델은 기혼자의 혼외 관계인 경우가 많았던 열정적 사랑이었다. 그리고 열정의 과도함이 문제가 되었을 때 떠오른 모델은 결혼과 무관한 우정이었다. 18세기 말부터 결혼과 섹슈얼리티를 포섭한 사랑의 의미론인 낭만주의가 확산된 후에야 비로소 친밀성은 핵가족의 주요한 속성이 된다.[12]

하버마스는 루만과 마찬가지로 친밀 영역이 "충만하고 자유로운 내면성의 역사적 발생 장소"(공구변 97; SdÖ 109)임을 파악하고 있다. 루만에 따르면, 친밀 관계 속에서 개인은 자신의 유일무이한 세계를 확인받게 된다.[13] 사적 자율성을 가진 개인의 성립조건은 서로를 출신가문이나 역할로 환원하지 않고 고유한 세계를 가진 인격으로 대하는 사회적 관계의 확산인 것이다. 여기서 열리는 둘만의 세계는 폴리스의 열린 세계보다는 훨씬 좁지만 출신 가문에 귀속되지 않는 세계라는 점에서 아렌트가 주목한 세계보다 훨씬 자유로운 세계이며 밀도 높은 관계의 세계이다. 그리고 낭만적 사랑의 의미론 성립 이후 이러한 관계는 하버마스가 파악하듯

---

12  루만, 니클라스. 『열정으로서의 사랑』, 새물결, 2009, 204~205쪽.
13  루만, 니클라스. 위의 책, 39쪽.

이 주로 핵가족을 성립시키는 양상을 보인다. 하지만 핵가족이 그 유일한 형식은 아니다. 뒤에서 보겠지만 오늘날의 도시공동체 중에는 핵가족을 포괄하는 사랑과 우정의 네트워크인 친밀공동체들도 있다.

친밀 영역을 핵가족과 등치시킴으로 인해 하버마스는 18세기 공론장에서의 남녀 불평등 문제, 그리고 19세기 말 국가의 새로운 간섭주의에 의해 이루어진 공적 부문과 사적 부문의 교착 문제 및 가족의 기능 상실 문제를 극복할 대안을 제시하지 못한다. 하버마스는 18세기에 "여성과 경제적으로 자립적이지 못한 사람들은 정치적 공론장으로부터 사실적으로, 법적으로 배제"(공구변 132; SdÖ 121)되어 있었음을 지적하지만 이 불평등 문제를 심각하게 다루지 않는다. 그는 여성 독자층이 문예적 공론장에 참여했고 주요한 역할을 했음을 지적할 뿐이다. 그런데 살롱과 커피하우스의 정치적 논의에 참여하는 남성들만의 사적 자율성과 독자로서 대(大)공중에 참여할 수 있는 사적 자율성 사이에는 너무나 큰 질적 차이가 있었을 것이다.

물론 하버마스의 입장이 이러한 차이 혹은 불평등을 정당화하는 것은 결코 아닐 것이다. 하지만 19세기 말 간섭주의에 의해 "국가의 점진적 사회화와 동시에 관철되어 가는 사회의 국가화"(공구변 246; SdÖ 226)가 이루어진 이후, 그리고 가족의 양육, 교육, 보호, 양호, 지도 기능 등을 상실하게 만든 복지국가적 보장(공구변 261~262; SdÖ 241~242)이 실현된 이후, 친밀 영역이 재편되는 양상에 대한 그의 고찰에서 새로운 여성 주체성의 등장이나 탈가족적 주체성의 등장에 대한 관심을 찾아보기는 어렵다. 비록 둘만의 관계에 한정된 대안이긴 하지만 기든스(Anthony Giddens)가 부부간 불평등이 은폐되었던 낭만적 사랑 이후의 대안으로 합류적 사랑(confluent love)을 제시하는 것[14]과 비교할 때 이 주제에 대한 하버마스의 관심은 부족하다.

『공론장의 구조변동』에서 19세기 말 이후 공론장에 대한 하버마스의 전망은 비관적이다. 국가와 사회 사이의 긴장 영역에서 부르주아 공론장이 발전했다는 관점을 갖고 있는 그는 간섭주의와 복지국가가 이러한 중간 영역의 입지를 약화시켰다고 본다. 이러한 교착 경향의 결과를 그는 "사회적 영역과 사생활 영역의 양극화", "문화를 논하는 공중에서 문화를 소비하는 공중으로의 변화"라는 두 측면에서 고찰한다. 첫 번째 양극화 진단에서 그는 가족에 의한 사적 자율성이 소비공동체로 위축되었다는 점, 가족이 경제적 임무로부터 벗어나면서 인격적 내면화의 힘을 상실했다는 점을 지적한다. 그리고 "가장 권위의 해체, 모든 선진산업국가에서 관찰되는 가족 내부 권위구조의 평준화"라는 양상을 진단한 후, 그 원인을 "개별 가족구성원들이 가족 외적 기관인 사회에 의해 직접적으로 사회화"(공구변 263; SdÖ 244)되는 것으로 본다.

그런데 여기서 하버마스가 공론장의 위기만 진단하는 데 머무는 것은 그가 가족의 권위구조 해체 및 탈가족적 사회화 추세가 새로운 공론장 형성에 가져올 수 있는 긍정적 효과에 대해 주목하지 않기 때문이다. 특히 그는 20세기 미국의 교외에서 생겨난 '이웃관계'에 대해 "새로운 형태의 부르주아 이전의 대가족"에 비유한다. 그는 이런 이웃관계에서 "공중의 논의"가 "재봉건화의 희생물"이 되며, "사교의 토론형식"이 "공동성의 물신에 굴복"하게 된다고 말한다(공구변 264~265; SdÖ 245~246). 부정적 진단만 하는 것이다. 그런 이웃관계를 통해 여성의 자율성이 발휘되는 새로운 공론장이 열릴 수 있는 가능성, 가족의 범위를 넘어선 친밀 영역

---

14 기든스, 앤소니. 『현대 사회의 성 사랑 에로티시즘』, 새물결, 2003, 108~112쪽.

의 재편 가능성을 하버마스는 주목하지 않는다.

가족의 기능 상실과 함께 이루어지는 친밀 영역의 재편과 관련된 하버마스의 부정적 진단은 문화를 소비하는 공중으로의 변화에 대한 진단에서도 반복된다. 그는 "사적 성격을 상실한 친밀 영역은 대중매체에 의해 공동화되고, 문예적 성격을 상실한 사이비 공론장이 일종의 초가족이라는 친교 지대로 압축"(공구변 270; SdÖ 250)된다고 말한다. 재편된 친밀 영역은 하버마스에게 여가 행태를 함께 나누고 대중매체를 함께 향유하는 소비 활동 이상의 의미를 갖지 못한다. 그리고 재편된 친밀 영역은 문예적 공론장이 가졌던 비판적 기능을 갖지 못하는 공중, 즉 정치적 공론장으로 매개될 수 없는 소비 공중에 머무는 영역으로 묘사된다. 하버마스는 1990년 신판 서문에서 "정치적으로 적극적 공중에서 개인주의적 공중으로, '문화비평적 공중에서 문화소비적 공중으로의' 직선적 발전이라는 나의 진단은 단견이었다"(공구변 34; SdÖ 30)는 자기평가를 내린다. 하지만 그러한 단견을 극복하기 위해 그가 제시하는 방향은 대중매체에 대한 의사소통 사회학적 연구이지 친밀 영역에 대한 연구는 아니다.

뒤에서 살펴보겠지만, 우리는 한국의 몇몇 도시공동체들에서 초가족적 친밀 영역이 단순한 여가와 소비뿐 아니라 문예 비판의 장으로 열리는 사례, 자신들의 필요로부터 출발해 더 넓게 열려서 정치적 논의의 장으로 이어지는 사례들을 보고 있다. 그리고 여기서 여성들과 비혼 인격들의 자율성이 발휘되는 공론장을 보고 있다. 그래서 이웃관계와 소비 공중에 대한 하버마스의 진단은 아렌트와 마찬가지로 오늘날의 사적 영역에 대한 일종의 비관주의를 함축한다. 물론 하버마스는 아렌트와 달리 근대의 친밀 영역이 공론장 형성의 매개일 수 있다는 점을 인정한다. 하지만 그러한 인정은 낭만적 사랑의 핵가족 시대에 국한된다.

### 3) 문예적 공론장의 기능적 등가물에 대한 관심의 부재와
### 생활세계에 대한 합리주의적 이해의 한계

『공론장의 구조변동』 이후 공론장과 관련된 하버마스의 연구는 공론
장이 형성될 수 있기 위한 상호작용의 저수지인 생활세계에 대한 연구,
그리고 정치적 공론장에서 활동하는 자발적 결사체들을 중심으로 하는
시민사회에 대한 연구로 이어진다. 이 과정에서 친밀 영역과 문예적 공
론장에 대한 관심은 사라지는 것으로 보인다. 친밀 영역을 그 형성 동력
으로 삼았던 사적 자율성은 『사실성과 타당성』에서 헌법적 기본권에 의
해 주관적 권리를 보장하는 문제로만 다루어진다.[15] 문예적 공론장에 대
해서는 그것이 정치적 공론장으로 얽혀 들어간다는 것을 언급할 뿐이
다.[16] 그리고 문예적 공론장의 기능적 등가물에 대한 관심은 합리화된
생활세계의 수많은 상호작용 연결망과 그로부터 생겨난 결사체들인 시
민사회에 대한 관심으로 대체된다. 친밀 영역을 공공 영역으로 잇는 경
로 혹은 사적 생활의 영역과 연결된 공론장의 의사소통 채널과 관련해
하버마스는 가족, 친구, 이웃, 직장동료, 친지 등을 열거할 뿐 이런 관계
들이 핵가족의 기능 상실 이후 어떤 의미를 갖는지 살펴보지 않는다.

루만, 기든스 등이 각자 자신들의 사회이론을 수립하는 과정에서 친밀
관계의 변화에 관한 심도 있는 연구를 수행한 데 반해, 그들과 자주 비교
되곤 하는 하버마스는 의사소통 행위 이론 및 체계/생활세계의 이단계
사회이론을 정립하는 과정에서 이 주제를 생활세계 이론으로 대체한다.
그리고 생활세계에 대한 하버마스의 관점은 합리주의로 기울어져 있다.

---

15  Habermas, Jürgen. *Faktizität und Geltung*, Suhrkamp, 1992, p.151~153.
16  위의 책, p.442.

그는 근대화 과정에서 이루어진 "생활세계의 합리화", 즉 주술적 권위나 신성한 위계가 더 이상 통용되지 않고 상호이해지향적 행위가 가능해지는 변화에 주목한다. 그의 이단계 사회이론에서 생활세계는 화폐와 권력이라는 조종매체에 의해 관철되는 도구적 합리성의 단계인 체계에 맞서 의사소통적 합리성이 발현될 수 있는 단계이다.

그런데 "의사소통적 행위의 지평과 배경"[17]으로서의 생활세계는 참여자들의 논의(Diskurs)가 이루어지는 합리적 면모만 갖는 것은 아니다. 하버마스 자신도 생활세계가 이상적 논의 상황으로만 이루어져 있다고 생각하는 것은 아니다. 그가 상호이해 과정의 비축지식 혹은 배후확신으로 간주하는 '배경'은 좋은 근거를 제시하는 논의를 불필요한 것으로 만들기 마련이기 때문이다. 루만은 생활세계가 '친숙한/낯선'의 구별에 따라 성립한다고 본다.[18] 이 구별에 따르면 생활세계에는 친숙한 것을 재확인하는 중복의 소통들이 지배적이다. 그리고 생활세계에서 합리적 논의가 쉽게 배제되는 대표적인 영역이 친밀 영역이다. 사랑과 우정이라는 이름으로 이상적 논의 절차가 쉽게 무시되곤 하는 영역이기 때문이다. 합리화된 생활세계 이론에서 하버마스는 이 비합리적 영역에 대해 별 관심을 기울이지 않는다. 더구나 그 영역은 부르주아 공론장의 기초가 된 주체성 혹은 사적 자율성이 형성된 곳이라고 하버마스 자신이 『공론장의 구조변동』에서 밝혔던 영역이다.

하버마스는 문예적 공론장의 매개 역할에 대한 관심을 정치적 공론장에서 활동하는 연결망 및 결사체들인 시민사회에 대한 관심으로 대체한

---

17 하버마스, 위르겐. 『의사소통행위이론』 제2권, 나남, 2006, 197쪽.
18 Luhmann, Niklas. "Die Lebenswelt – nach Rücksprache mit Phänomenologien", *Archiv für Rechts – und Sozialphilosophie*, 1986, p.182.

다. 이 대체 역시 생활세계에 대한 합리주의적 이해 혹은 공론장에 대한 과도한 정치 편향적 이해로 인한 것이라 볼 수 있다. 초기 하버마스가 지적했듯이 18세기에 문예적 공론장은 정치적 성격을 띠는 경우가 많았고 정치적 공론장의 탄생으로 이어졌다. 그런데 열린 논의의 자리가 처음부터 정치를 주제로 삼는지의 여부는 그 모임의 열림의 폭과 방향에 영향을 미친다. 문예를 비롯해 비교적 갈등의 부담이 적은 주제들로 시작하는 모임이나 오늘날 한국의 도시공동체들에서 흔히 볼 수 있듯이 육아, 교육, 소비 등 참여자들의 절실한 필요에 따른 주제들로 시작하는 모임에는 정치적 공론장보다 더 넓은 범위의 참여자들이 모일 수 있다. 또한 정치적 공론장에서 주변부로 밀려나기 쉬운 여성, 청소년 등의 주도성이 높아질 수 있다. 그래서 우리는 친밀 영역과 정치적 공론장을 매개하는 초보적 공론장'들'의 활성화에 대해 더 많은 관심을 기울일 필요가 있다.

하버마스의 공론장 개념을 페미니즘의 관점에서 비판적으로 논의한 프레이저(Nancy Fraser)는 계층 사회에서 하위 대항공중들(subaltern counterpublics)이 갖는 기능을 강조한다.[19] 그에 따르면, 남성 유산계급의 대화 스타일로 이루어진 부르주아 공론장과 달리 포스트부르주아 공론장은 하나의 공론장이 아닌 다수의 공론장들이다. 그리고 이 공론장들은 합리주의적 부르주아가 사적인 것으로 간주해왔던 관심들과 이슈들을 포괄한다.[20] 비주류적 언어 스타일을 가진 다수의 공론장들이라는 프레이저의 견해는 친밀 영역으로부터 떠오르는 여러 초보적 공론장들의

---

**19** Fraser, Nancy. "Rethinking the Public Sphere", Craig Calhoun(편), *Habermas and the Public Sphere*, The MIT Press, 1992, p.123~124.

**20** 위의 책, p.136~137.

기능에 주목하는 친밀공동체론과 친화성을 갖는다.

반면에 『사실성과 타당성』에서 정치적 공론장을 활성화시키는 기능을 갖는 것으로 하버마스가 설정한 것은 이러한 초보적 공론장들이 아니라 시민사회이다. 그는 공론장에서 대중매체, 거대 에이전시, 정당 등의 지배력에 맞설 수 있는 일반적 공중의 기층조직을 시민사회(Zivilgesellschaft)라고 부른다. 그는 시민사회의 제도적 핵심이 "자유의지에 기초하는 비국가적이고 비경제적인 연결망과 자발적 결사체들"이며, 시민사회가 "어느 정도 자생적으로 출현한 단체, 조직, 운동들로 이루어지며, 이들은 사회적 문제상황이 사적 생활사에 불러일으킨 반향을 받아들여 응집시키고 증폭시켜 정치적 공론장으로 확대한다"고 말한다.[21] 공론장에서 정치와 경제라는 두 가지 체계의 지배력에 맞서 생활세계 혹은 사생활로부터의 요구를 모아내는 것이 시민사회의 결사체들인 것이다.

물론 이러한 시민사회적 연결망과 결사체들에는 내가 초보적 공론장들이라고 부른 것, 즉 친밀 영역으로부터 직접 떠오르는 열린 논의의 장이 포함될 수 있다. 도시공동체 역시 시민사회의 일부로 이해될 수 있다. 하지만 하버마스에게 시민사회는 "이미 합리화된 생활세계 속에서만 펼쳐질 수 있는 것"[22]이며, 의사소통적 권력으로 전환되는 정치적 영향력을 지향한다. 그래서 그의 시민사회 개념에는 친밀 영역으로부터 시작되는 극히 사적이고 비정치적인 모임, 더 넓은 공적 논의의 장으로 뻗어 나갈 수 있을지 의문스러운 다소 폐쇄적인 모임은 진지하게 고려되기 어렵다.

---

21  Habermas, Jürgen. *Faktizität und Geltung*, p.443.
22  위의 책, p.449.

## 3. 친밀성과 공공성의 관계

### 1) 친밀 영역과 사적 자율성의 관계

앞서 보았듯이 하버마스는 초기 근대의 친밀 영역에서 충만하고 자유로운 내면성이 생겨났다는 것, 그리고 소유자의 역할과 인간 자체의 역할이 통일됨으로써 사적 자율성이 성립했다는 것을 지적했다. 그런데 친밀 영역은 어떻게 해서 이런 것들을 가능하게 하는가? 그것은 핵가족에 의해서만 가능한가? 이 물음에 대한 만족할만한 답변을 하버마스로부터 끌어내기는 어려울 것이므로 여기서는 친밀 관계에 관한 루만의 연구를 참조해 답해보겠다.

루만은 "기능적 분화와 함께 개별 인격은 사회의 어느 한 하위체계에만 정착할 수 없게 되며, 그의 고유한 사회적 장소가 정해져 있다고 볼 수 없게 되기" 때문에 인격과 사회적 체계들 사이에 체계/환경 차이가 뚜렷해진다고 말한다.[23] 출신 가족을 통해서도 기능적 역할들을 통해서도 자기정체성을 확인할 수 없는 개별 인격은 "가까운 세계와 먼 세계의 차이를, 즉 '개인적으로만 유효한 경험, 평가, 반응 방식'과 '익명적으로 구성되고 모두에게 유효한 세계'의 차이"[24]를 사용하게 된다. 이 두 가지 세계 중 가까운 세계를 구축하는 과정에서 하버마스가 말한 "충만하고 자유로운 내면성"을 갖추게 된다고 볼 수 있다. 그리고 이 두 가지 세계의 차이를 사회적 차원에서도 확인시켜주는 관계, 그래서 한 사람이 세계와 맺는 관계를 개체화시키는 기폭제가 바로 친밀 관계이다.

---

23 루만, 니클라스. 『열정으로서의 사랑』, 31쪽.
24 위의 책, 33쪽.

루만에 따르면, 친밀 관계는 한 개인을 특정한 가족의 구성원으로서 혹은 특정한 조직의 구성원이나 기능적 역할로서가 아니라 유일무이한 세계를 가진 하나의 인격으로 확증해주는 관계이다. 친밀 관계는 "타인의 자아중심적 세계 설계를 확증"해주는 파트너와의 관계이며, "삶의 모든 상황에서 파트너를 계속 함께 고려"해야 하는 "준거의 보편성"을 갖는 관계이다.²⁵ 1800년을 전후해 낭만적 사랑의 의미론이 생겨나기 이전까지 이런 친밀 관계는 결혼과 무관한 것이었다. 루만의 연구에 따르면, 그 이전까지는 과도함, 짧은 지속시간, 둘만의 관계 등을 특징으로 갖는 열정적 사랑과 그보다 안정적이고 지속적이며 덜 뚜렷한 경계를 갖는 관계인 우정이 친밀성의 코드화를 향한 경주를 벌였다. 섹슈얼리티라는 공생 메커니즘을 이용할 수 있었고 결혼 및 동반자적 부부관계를 통해 지속성을 갖게 된 새로운 사랑의 의미론인 낭만적 사랑이 등장함으로써 이 경주에서 사랑이 앞서 나가게 된다. 따라서 하버마스가 친밀 영역과 동일시하는 핵가족은 친밀 관계가 안정화된 하나의 역사적 형식일 뿐이다. 그리고 가족을 이루지 못한다고 해서 친밀 영역을 통한 내면성의 성숙과 사적 자율성의 획득이 불가능한 것은 아니다.

여기서 우리가 주목해야 할 것은 친밀 관계를 통한 고유한 내면세계의 발전이 먼 세계와의 차이를 사용할 수 있을 때 가능하다는 것이다. 핵가족의 시대에 익명적 대중사회에서의 생활, 즉 직장생활이나 정치적 공론장에서 활동하는 남성 가장들은 출퇴근을 통해 가까운 세계와 먼 세계의 차이를 사용할 수 있었다. 더구나 그들은 먼 세계에서 사적 자율성을 가진 자로서 법적 인정을 받았다. 하지만 문예적 공론장에 대공중으로만

---

25 위의 책, 39쪽.

참여할 수 있었던 대부분의 여성들은 이 차이를 사용하기 어려웠다. 그리고 그 자율성을 법적으로 보장받지 못했다. 이런 성적 불평등이 낭만적 사랑의 시대에 친밀 영역으로부터 자라난 사적 자율성의 한계이다.

## 2) 문예적 공론장의 기능적 등가물의 하나인 도시공동체

하버마스가 진단하고 있듯이, 20세기에 들어와 낭만적 사랑에 기초한 핵가족의 기능은 위축되었다. 낭만적 사랑의 성적 불평등이 폭로되었고, 이제는 아예 결혼하지 않으려고 하는 사람들이 늘어나고 있다. 하지만 이것을 곧 내면성을 강화하고 사적 자율성을 육성하는 친밀 관계 자체의 위축과 동일시해서는 안 된다. 여전히 많은 사람들이 사랑과 우정을 추구하고 있기 때문이다. 그리고 많은 여성들이 가까운 세계와 먼 세계의 차이를 사용할 수 있는 직업생활을 하면서 친밀 관계를 맺는다. 그리고 여남이 모두 헌법적 기본권을 통해 사적 자율성을 보장받는다.

오늘날의 문제는 낭만적 사랑 이후 친밀 관계의 모델이 없다는 것, 그리고 친밀 관계들로부터 대공중의 영역으로 이어지는 소통들의 채널이 없다는 것이다. 전자의 문제를 해결하기 위해 기든스, 슐트 등이 대안을 제시한 적이 있고 이에 대한 비판적 논의도 이루어진 바 있다.[26] 그런데 이 글의 관심은 후자의 문제 해결에서 도시공동체가 유력한 해결책 중 하나라는 것, 즉 18세기 문예적 공론장에 대한 기능적 등가물 중 하나일 수 있다는 것에 있다.

오늘날 친밀 영역으로부터 육성된 사적 자율성은 기능적 조직들에 의해 매개되지 않으면 공적 영역의 논의로 쉽게 이어지지 않는다. 공론장

---

26 이 책의 4장에 실린 글에서 다루고 있다.

의 참여자는 대학 교수, 전문직 종사자, 직업단체 대표 등의 역할을 매개로 한다. 그중 비중 높은 역할은 중년 남성이 차지하는 경우가 많다. 대공중의 영역도 아니고 정치적 공론장과 연결되기도 쉽지 않지만 생활세계의 사인으로서 참여할 수 있으며 소수의 친밀 관계보다는 조금 넓고 열린 논의의 장이 마련될 수 있는 곳이 바로 도시공동체이다. 이성애적 가족을 출발점으로 한 도시공동체들 외에도 이런 기능을 할 수 있는 공동체들이 더 있겠지만 이 글은 그 목적에 따라 도시공동체로 논의를 좁히겠다.

나는 이 책의 4장에서 1990년대 이후 한국에서 공동육아 협동조합을 기반으로 발전한 여러 도시 마을의 관계망을 개념화했다. 서울시 마포구 성미산마을을 모델로 한 연구에서 나는 사랑을 중심으로 한 루만의 친밀관계 개념을 수용하면서도 둘만의 관계로 제한된 친밀 관계들을 둘러싼 사랑과 우정의 네트워크를 '친밀공동체(intimate community)'로 규정했다. 그 연구에서 친밀공동체는 "기본적인 친밀 관계들을 보완하면서 다수의 친밀 관계들이 동시에 혹은 순차적으로 형성되고 약화되고 강화되기를 반복하게 하는 관계망"으로 정식화되었다. 나는 친밀 관계들이 여러 협동조합들을 비롯한 사업체, 단체 등을 구성하고 있다는 의미에서 그 이름을 '친밀공동체'라고 붙였다. 그런데 여기서 '친밀'이란 도시공동체의 한 속성 혹은 하나의 지향가치를 표현하는 수식어이다. 즉, 개인의 유일무이한 내면세계에 대한 인정이 이루어지고 역할로 한정되지 않는 전인격적 상호관계가 맺어지는 경우가 반복적으로 일어나는 네트워크를 수식하는 형용사가 '친밀(intimate)'이다.

이러한 개념화 작업에 대해 이 글에서 덧붙이고자 하는 것은 친밀 관계들에 기초한 도시공동체가 초보적 공론장들을 형성하는 곳이기도 하다는 것이다. 도시공동체의 친밀 관계들로부터 육성된 사적 자율성은 도시공동체 내부에 형성된 열린 논의의 장과 공동의 공간으로 이어진다. 구성원들 사이에 위계질서가 없는 협동조합의 회의, 숙련도나 전문성을 요구하지 않는 자발적 참여자들의 마을 잔치, 문예와 취미를 매개로 하는 다양한 소모임, 그리고 이런 회의, 행사, 모임 등을 계기로 간혹 발전하기도 하는 정치적 여론 형성과 정치적 참여 등이 도시공동체의 초보적 공론장들에서 이루어진다.[27] 이런 공론장들에서는 익명적 대공중의 장에서는 능동적인 참여자가 되지 못하는 주부, 노인, 청소년 등이 자신의 사적 자율성을 더 넓은 장에서 활용하는 훈련을 할 수 있다.

## 3) 도시공동체에서 친밀성과 공공성의 관계

서울시 마포구 성미산마을, 강북구 삼각산 재미난마을 등 한국의 여러 도시공동체들은 공동육아 협동조합을 모태로 하여 핵가족을 보완하는 우정의 공동체를 형성해왔다. 이 공동체들은 각 가족의 필요로부터 서로 관계를 맺으면서 태동했고 그 안에서 형성된 우정이 공동체 활성화의 동력이었다. 현대 도시에는 이러한 친밀성을 기초로 한 다양한 이웃관계와 친목모임들이 있다. 특히 한국의 대도시에는 이들과 비슷하게 육아나 교육 문제를 함께 해결하기 위해 출발한 여러 집단들이 있다. 그럼에도 성미산마을, 재미난마을 등이 주목받는 것은 이주율이 높은 서울에서 십여 년에 걸쳐 수많은 협동조합들과 단체들의 연결망으로 이루어진 비

---

27 예를 들어, 성미산지키기 운동을 통해 형성된 정치적 공론장은 2006년과 2010년 지방 자치단체선거 구의원 선거에서 비록 낙선했지만 마을후보를 내는 성과로 이어지기도 했다.

교적 큰 도시공동체로 발전했기 때문일 것이다.

서울시 마을공동체 사업의 모델로 자주 소개되고 있는 이 두 마을의 성장 요인은 무엇일까? 나는 다음 두 가지 요인이 상호 상승 작용을 불러일으켰다고 본다.

첫 번째 요인은 한국의 대도시에서 아이들의 성장과 가족의 변화에 따라 쉽게 끊어지기 쉬운 친밀 관계들이 새로운 협동조합 결성과 새로운 사업들을 매개로 지속성을 갖게 되었기 때문이다. 이 두 마을에서는 공동육아 협동조합 이후에 초등 방과후 협동조합, 대안학교 등 아이들의 성장에 따라 필요가 제기된 새로운 교육 관련 조직들이 결성되었다. 또한 생활협동조합, 마을카페, 마을식당, 공동주택 등 소비, 주거 등 가족이 한 지역에서 꾸준히 살아가기 위한 필요를 함께 해결하기 위한 조직이나 사업이 계속 만들어졌다.

두 번째 요인은 친밀 관계들에 기초해 더 넓게 열리고자 하는 지향을 갖게 된 것, 그리고 그 지향을 통해 관의 직간접적 지원을 받게 된 것이다. 성미산마을의 사례를 보자면, 성미산 기슭에 자리잡은 육아교육공동체는 2000년대 초반 성미산지키기 운동 과정에서 다양한 지역 주민들과 접촉하면서 지역사회에서 더 넓게 열리고자 하는 지향, 즉 공공적 지향을 갖게 되었다. 지역공동체라디오인 '마포FM'이 생겼고, 이 방송에서는 노인, 장애인 등 여러 소수자들이 직접 자기 목소리를 내고 있다. 그리고 지역내 저소득층 노인과 아동을 돌보기 위한 노력은 '마포희망나눔'이라는 단체로 발전했다. 그리고 마을의 여러 가지 공익 사업을 총괄하고 마을 네트워크의 중심이 되는 '(사)사람과마을'이 여성가족부 산하 사단법인으로 인가를 받았다. 특히 이 사단법인을 통해 서울시를 비롯한 관의 여러 가지 지원을 받게 되었고, 이 지원을 통해 마을공동체의 공공성 지향은 더 커졌다.[28] 삼각산 재미난마을에서도 2011년 '(사)삼각산재미난마을'의 설립 이후 여러 가지 관의 지원을 받으면서 '강북장터'를 비롯해 공익사업이라 불릴 수 있는 활동이 활발해졌다.[29]

친밀 관계들로부터 형성된 도시공동체가 자연스럽게 공공성을 지향하게 되는 것은 아니며 반드시 그래야 하는 것도 아니다. 오히려 그런 지향을 갖게 된 도시공동체들이 예외적일지도 모른다. 사실 많은 도시공동체들은 자신들만의 폐쇄된 친밀성을 유지한다. 하지만 느슨한 친밀 관계들의 연결망으로부터 시작된 도시공동체는 정치적 목적이나 공익적 목적으로 출발한 시민사회의 결사체들과 달리 사회의 기능 영역들로부터 거리를 두는 사인(私人)으로서의 정체성을 바탕으로 초보적인 공적 논의에 다가서게 된다. 협동조합들을 비롯한 마을 사업에 참여하는 사람들은 꼭 필요한 경우라 아니라면 대체로 자신들이 마을 바깥에서 하는 일을 내부로 연결하지 않는다. 오히려 먼 세계에서의 일과 무관한 한 인간으로서 인정받고자 하는 욕구를 표현하곤 한다. 그리고 먼 세계의 기능적 역할에서 주변화되기 쉬운 여성, 청소년, 소수자들이 자신들의 자율성을 발휘하기가 쉽다.

그래서 친밀성을 기반으로 공공성을 지향하는 도시공동체는 폐쇄적 사생활 혹은 친밀 관계와 관료적 관공 영역의 양극화로 인해 자리 잡기 힘든 초보적 공론장들이 형성되는 곳으로 볼 수 있다. 하버마스의 이론

---

28  유창복, 『우린 마을에서 논다』, 또하나의 문화, 2010. (사)사람과마을, 「2012년 성미산 마을 조사연구 보고서」, 2012.

29  삼각산 재미난마을에 관해 체계적으로 정리된 문헌 자료는 아직 없다. 여러 가지 인터넷 뉴스 기사와 재미난마을 네이버 카페, 그리고 마을 주민인 배우 권해효씨가 소개한 KBS 1TV "다큐 수요기획 – 재미난 마을에는 재미난 사람들이 산다" 등이 주요 자료이다.

구도 속에서 보자면, 도시공동체는 친밀 영역과 시민사회의 결사체들 사이에 소통의 채널을 여는 기능을 할 수 있다.

## 4. 친밀성과 공공성을 동시에 고려하는 도시공동체 정책

도시공동체의 형성 동력이 친밀성에만 있는 것은 아니다. 공동육아 운동의 경우에도 그 출발 문제의식은 '보육공공성'의 실현이었다. 공동 육아 어린이집의 기원은 1980년 봄 서울 관악구 신림동 산비탈 동네에 천막을 지어 돌봄 소외 아동들을 모아 가르치던 '해송유아원'이었다. 그 리고 부모들이 주도적 역할을 하는 공동육아 협동조합 어린이집들이 설 립된 후에도 연합조직이라 할 수 있는 사단법인 공동육아와 공동체교육 은 저소득층 아동 돌봄 사업을 동시에 진행해왔다.[30]

그래서 도시공동체 형성을 위해 친밀성을 우선시하고 공공성을 사후 적 과제로 설정할 필요는 없다. 공익 실현을 목적으로 한 시민단체를 기 반으로 친밀공동체가 구성될 수도 있기 때문이다. 하지만 공공성만 강조 할 경우 도시공동체의 활성화 동력 중 하나를 간과하기 쉬울 뿐 아니라 거대 공론장에서 상대적으로 소외된 사람들의 사적 자율성을 육성하여 공적 논의로 이끌어내는 데 실패하기 쉽다.

어떤 도시공동체가 더 넓게 열리고자 하는 지향을 갖지 않는다고 해서 그 잠재적 공공성을 완전히 무시해서는 안 된다. 그들이 지속성 있는 친

---

30 정성훈, 「5장 협동과 포용의 긴장, 자립과 제도화의 긴장이라는 관점에서 본 공동육아 운동 40년과 인천 사례」, 정성훈 외 지음, 『협동과 포용의 살림공동체: 이론, 역사, 인천 사례』, 보고사, 2019, 151~181쪽.

밀공동체를 이루고 있다면 내적으로 이미 아주 작은 초보적 공론장을 마련하고 있다고 보아야 할 것이다. 그리고 구성원 중 일부가 추가되거나 교체되는 정도의 개방성만 있다면 다른 공동체들과 접속할 가능성은 열려 있다. 물론 관의 지원과 관련해서 말하자면, 더 넓게 열리고자 하는 지향을 드러낼 때 그 공동체의 공공성을 인정해야 할 것이지만 말이다.

친밀성과 공공성을 동시에 고려한다고 했을 때, 현재 한국의 정부와 지자체들이 하고 있는 도시공동체들에 대한 직간접적 지원 정책 혹은 지원 사업의 몇 가지는 재검토될 필요가 있다. 나는 그런 정책들과 사업들 모두를 파악하고 있지 못하다. 그리고 이 글이 그것들 모두에 대한 개입을 시도하고자 하는 정책보고서는 아니다. 따라서 여기서는 하나의 법과 하나의 지원 방식에 대해서만 사례로 삼아 다루고자 한다.

먼저 도시공동체를 이루는 주요 조직인 협동조합을 활성하기 위해 제정된 협동조합기본법의 문제점을 짚어보겠다. 현재 시행되고 있는 협동조합기본법은 '(일반)협동조합'을 법인으로, '사회적협동조합'을 비영리 법인으로 규정해 구별하고 있다(제4조). 그래서 조합원들에게 배당을 할 수 있는 전자는 해산과 청산을 상법을 준용하여 하며(제60조), 배당을 할 수 없는 후자는 민법을 준용하여 한다(제105조). 그리고 후자는 더 철저한 운영 공개 의무를 지는 대신(제96조) 소액대출 및 상호부조사업을 할 수 있고(제94조) 지정기부금 단체 지정 등의 혜택을 받을 수 있다. 즉 공공성이 강한 사회적 협동조합을 지원하겠다는 정부의 의지가 이 기본법에 담겨있다. 조합원들 자신의 수익을 추구하지 않고 소외계층을 위한 고용과 서비스를 창출하는 사회적협동조합들이 더 공공적이며 관이 이들을 더 지원하겠다는 의지는 결코 잘못된 것이 아니다.

문제는 현행 기본법에서는 조합의 설립 신고 단계부터 (일반)협동조합이냐 사회적협동조합이냐를 양자택일해야 한다는 점, 다른 유형으로 전환하려면 해산하고 다시 설립 신고를 해야 한다는 점, 그리고 (일반)협동조합들은 자기들끼리만 연합회를 구성할 수 있고 사회적협동조합들 역시 자기들끼지만 연합체를 구성할 수 있다는 점이다. 이럴 경우 하나의 작은 모임이 협동조합을 결성하려 할 때 애초부터 자신들의 공공성 지향을 선택해야 한다. 작은 친밀 관계들이 성장 과정에서 더 넓게 열리고자 하는 지향을 갖기 어렵게 만드는 것이다. 그리고 공익 지향성 수준이 다른 여러 협동조합들이 함께 연합회를 구성해 활동하면서 더 큰 공공 영역을 형성해나갈 가능성을 차단한다.

나는 설립 신고 단계에서 두 유형 중 하나를 택일하는 것이 아니라 법이 규정하는 기본 유형은 협동조합으로 하는 것이 좋다고 본다, 협동조합들 중에서 배당 금지를 준수하고 공공적 활동 성과를 보이는 조합들에 대해 사회적협동조합으로 인증해주는 제도로 바꾸는 것이 도시공동체 활성화에 기여할 것이다.

다음으로 검토할 것은 여러 지자체들의 마을공동체 지원사업, 마을기업 지원사업, 부모커뮤니티 지원사업 등등에서 채택하고 있는 공모 사업 방식이다. 조금씩 차이는 있지만 대체로 이런 공모 사업들은 계획서에 입각해 선정단체를 가려낸다. 이 방식은 공정한 경쟁의 규칙을 지키려는 듯 보인다. 하지만 실제 그 모임이 얼마나 친밀한 관계들을 이루고 있는지, 관의 재정 지원 없이도 과연 지속될 수 있는 관계들인지를 가려낼 수 없다. 계획서만 그럴 듯하게 잘 써낸 곳이 재정 지원을 받아 요식적인 사업을 하는 사태를 막을 수 없다. 더구나 작은 규모의 공동체들은 이런 계획서를 그럴 듯하게 써낼 수 있는 역량이 부족한 경우가 많다.

공모 방식을 통하지 않는 더 나은 지원 방식을 쉽게 제시하기는 어렵다. 공동체들의 친밀성, 지속성, 공공성 지향 등을 관에서 알아서 판단하고 가려내기는 어렵기 때문이다. 다만 공모 사업을 통해 도시공동체에 직접 재정을 지원하는 방식보다 도시공동체 형성을 위한 인프라 구축 사업에 더 많은 투자를 하는 것이 적합하다고 본다. 돈을 관계 형성 동력으로 만드는 것은 그 관계의 친밀성을 파괴하거나 왜곡하기 쉽기 때문이다. 도시마을의 모범 사례로 거론되는 곳들은 초기에 거의 아무런 관의 재정 지원을 받지 않았으며, 오히려 때로는 관과 충돌하기도 했다. 이들에게 필요했던 것은 지역사업을 위한 재정보다는 그런 사업을 논의할 수 있는 열린 공간이었다. 공무원들의 퇴근시간 이후와 주말에는 문을 닫아버리는 관공서 회의실, 도서관 등을 열어놓는다면 마을사업을 기획하기 쉬울 것이다. 이런 공간을 주민자치로 관리할 수 있게 해주는 방안도 있을 것이다. 그리고 공동육아 어린이집이나 마을 카페 운영 공간의 임대 비용을 간접적으로 줄일 수 있는 방안을 마련한다면 장기 지속에 도움을 줄 것이다. 공공기관의 유휴공간, 야간과 주말에 이용 가능한 공간 등을 저리임대해 준다든지, 관의 연대보증으로 은행 대출 금리를 낮추는 걸 도와준다든지 하는 방안들이 있을 것이다.

　박주형은 푸코(Michel Foucault)의 '통치성' 개념과 로즈(Nikolas Rose)의 '공동체를 통한 통치' 개념을 활용하여 서울시 마을공동체 만들기 사업을 박정희 시대의 새마을운동과 마찬가지로 "계산가능하고(calculable) 통치가능한(governable) '마을' 만들기"[31]라고 규정한 바 있다. 관이 요구하는 공공성의 기준에 따라 재정을 지원하는 방식이 지속된다면 이러한

---

31　박주형, 「도구화되는 '공동체' 서울시 「마을공동체 만들기 사업」에 대한 비판적 고찰」, 『공간과사회』 제23권 1호, 2013, 18쪽.

비판은 어느 정도 타당하다. 그리고 "마을공동체가 발전하느냐 아니면 쇠퇴하느냐는 전적으로 마을공동체 주민의 자발적인 노력과 능력에 의해서 결정되는 것"[32]이라는 지적도 타당하다. 마을공동체 만들기 사업의 모델인 성미산마을이야말로 그렇게 형성되었기 때문이다.

하지만 자발적 노력과 능력이 법적·제도적 장벽에 가로막히는 지점, 도시 인프라의 부족으로 인해 어려움을 겪는 지점 등에 대해서는 관의 세심한 지원과 배려가 필요하다는 점을 동시에 지적할 필요가 있다. 만약 자발적으로 협동조합을 결성했는데 법인으로 인정받지 못해 은행 거래의 어려움을 겪는다면, 만약 공동육아를 시작하려는 직장인들이 야간에 아이들과 함께 준비모임을 가질 공간을 빌리기가 어렵다면, 그런 어려움을 관이 앞장서 해결해주는 것이 공동체의 도구화는 아닐 것이다.

이런 맥락에서 도시공동체 활성화를 위한 거시적이고 간접적인 관의 지원을 하나 더 제안하자면, 세입자들의 잦은 이주가 필요 없게 만드는 부동산 정책을 도입하는 것이다. 한국에서, 특히 서울에서, 친밀한 도시공동체 형성에 가장 큰 장애는 한 지역에서의 짧은 거주기간이다. 이직 등의 다른 요인들도 있겠지만 집주인의 요구에 따라 2년마다 어디로 옮겨야 할지 모르는 상황에 빠지는 주택임대제도는 육성되어 가던 친밀공동체를 허무하게 위축시키곤 한다. 그래서 박주형이 지적하듯이 서울시가 한편으로는 너무 관의 프레임에 맞춘 마을공동체 만들기를 진행하는 반면, 다른 한편으로는 노후주택개량 사업과 장기임대주택 사업을 확장하고 있는 것에 대해서는 자발적 도시공동체 만들기를 위한 인프라 구축이라는 면에서 높이 평가할 필요가 있다.

---

32  위의 글, 36쪽.

도시공동체는 그 자체로 공공적이지는 않지만, 친밀 영역과 관공 영역을 매개하는 초보적 공론장들을 활성화시키는 유력한 기능을 할 수 있다. 하지만 공공성이라는 지향만이 그런 공동체를 형성하고 활성화시키지는 않는다. 도시공동체의 공공성에 주목하는 정책과 사업의 방향은 친밀성과 공공성을 동시에 고려하는 것, 그 긴장관계를 충분히 주목하는 것으로 바뀌어야 한다.


## 5. 결론

"마을이 세상을 바꾼다", "아이 하나를 키우는 데는 마을 전체가 필요하다" 등의 말이 유행하는 데서 확인할 수 있듯이, 최근 한국에서는 이웃 관계와 지역공동체에 대한 관심이 커지고 있다. 그런데 다른 한편에서는 가족, 이웃, 공동체 등에 대한 강조가 유교 전통사회의 잔재를 청산하는 일을 더디게 만들지 않을까 하는 우려도 제기된다. 나 역시 개인의 자율성을 위협하는 공동체의 테러를 경계해야 한다고 판단한다.

그래서 더욱 중요한 개념이 친밀성과 공공성이다. 친밀성은 전통적인 가족주의, 연고주의 등과는 뚜렷이 구별되는 근대적 개념이다. 그것은 개인을 특정 집단의 구성원으로서가 아니라 유일무이한 내면세계를 가진 자로서 확증하고 존중하는 관계에 대해 부여되는 개념이다. 그리고 친밀성의 코드화는 전통적 가족과 공동체에서는 불가능했던 권리인 거절할 수 있는 권리를 기초로 이루어졌다. 전통사회에서는 매우 비개연적인 말이었던 '더 이상 사랑하지 않는다', '더 이상 사귀지 않겠다', '더 이상 친구가 아니다' 등을 말할 자유를 통해서만 친밀성은 '친밀한/친밀하지 않은'이라는 구별을 사용하는 코드로 성립될 수 있다. 그래서 친밀성을 기반으로 성립하는 현실적(actual) 자발적(voluntary) 공동체는 끊임없는 구성원 교체를 감수해야 하는 불안정한 것이며, 따라서 끊임없이 새로운 친밀 관계들이 생성되어야만 유지될 수 있다.

이러한 끊임없는 재생산을 위해 필요한 가치가 바로 공공성이다. 기존 구성원들의 폐쇄적 친밀성에 머물지 않기 위해서는 '열림'의 지향을 가져야 한다. 또한 친밀성은 그 자체로는 비합리적 속성을 갖기 때문에 이 원리로만 유지되는 공동체는 내부에서 일어난 갈등을 합리적 절차에 따라 해결하기 어렵다. 예를 들어, 한 친구에 대한 과도한 존중은 때때로 다른 친구들과의 갈등으로 이어진다. 그래서 모두에게 '공동적인' 방향은 무엇인가에 관한 토론과 그것의 절차화는 친밀공동체의 붕괴를 막을 수 있다. 그리고 가끔씩 공동체 외부의 관점에서 해당 공동체가 전체사회적 공공성을 위배하지 않는가 라는 질문이 던져질 필요도 있다. 친밀성이 갖는 자기파괴적 위험을 막을 수 있는 보완 기능을 하는 것이 공공성이라는 가치이다.

하지만 역으로 절차화된 토론 절차가 개인들의 부담 없는 사교를 압도할 만큼 과도해진다면, 공동체 외부의 비판적 관점이 내부의 자기긍정을 압도해버린다면, 이 공동체는 다른 형식적 조직들과의 차별성을 상실한다. 그리고 사적 자율성을 육성하는 초보적 공론장으로서의 기능도 상실한다. 그래서 도시공동체는 친밀성과 공공성이라는 두 가지 지향가치의 긴장관계 속에 있을 때 재생산될 수 있으며, 현대 사회에서 다른 집단들이 쉽게 갖기 어려운 기능을 가질 수 있다.

# 6장

# 공동체주의 공동체의 한계와
# 현대적 조건에서 현실적인 공동체

## 1. 도입

20세기 말부터 영미권에서는 정치철학, 사회과학, 도시연구 등의 여러 영역에 걸쳐 '공동체(community)'에 관한 논의가 활발하게 진행되고 있다. 매킨타이어(Alasdair MacIntyre), 왈처(Michael Walzer), 샌델(Michael J. Sandel) 등 공동체주의(communitarianism) 혹은 공화주의(republicanism)로 분류되는 정치철학자들은 1970년대 미국 정치철학을 대표했던 롤즈(John Rawls)와 노직(Robert Nozick)의 자유주의를 비판하면서 주목을 받았다.

정치학, 행정학, 사회학, 경제학 등 사회과학의 여러 분과학문에서도 공동체와 사회적 네크워크의 의의를 강조하는 경향이 등장했다. 퍼트넘(Robert David Putnam)의 주도로 널리 확산된 사회적 자본(social capital) 이론[1]이 대표적이다. 또한 도시연구에서는 '공동체 감각(sense of

community)'을 강조하는 도시계획의 이념인 '뉴어버니즘(new urbanism)'
이 부상했다. 뉴어버니즘의 출발점은 정치철학이나 사회과학과는 다소
거리가 있는 도시 설계자들의 구상이지만, 이 구상은 공동체주의 정치
철학 및 사회적 자본 이론과 서로 영향을 주고받으며 발전해왔다. 그리
고 공동체의 가치를 강조하는 이 세 가지 흐름은 모두 현대 정치철학
혹은 사회이념에서 주류였다고 할 수 있는 자유주의 혹은 개인주의에
대해 비판적이라는 공통점을 갖고 있다.

　최근 한국에서도 공동체를 강조하거나 지향하는 목소리가 높아지고
있다. 여러 지자체의 마을공동체 지원사업은 과거의 농촌 마을 만들기
사업과 달리, 새로운 도시형 공동체에 대한 관심을 촉발하고 있다. 1990
년대에 생활협동조합과 공동육아협동조합 등으로부터 주목받기 시작한
협동조합은 2012년 협동조합기본법의 제정을 통해 그 폭이 넓어지고 있
으며, 마을공동체 활성화 흐름과 결합하고 있다. 그리고 소외계층의 취
업과 지역 경제 활성화를 위해 중앙정부와 여러 지자체들은 사회적 기업
을 육성하고 있다. 이러한 사회적 기업들의 다수는 '마을기업' 혹은 '커뮤
니티 비즈니스(community business)'를 표방하고 있다. 공동체를 기초로
한 기업을 지향하는 것이다. 그리고 협동조합기본법 제정 이후에는 여러
사회적 기업들이 협동조합의 형태로 전환하고 있다.

　그런데 한국에서 생겨나고 있는 여러 가지 새로운 공동체 지향의 흐름

---

1　사회적 자본 이론에서 출발한 퍼트넘은 『나 홀로 볼링(Bowling Alone: The Collapse
and Revival of American Community)』이라는 저작을 통해 미국에서 공동체와 사회
적 네트워크의 붕괴 과정 및 그 소생 가능성을 진단하여 폭넓은 반향을 불러일으켰다.
하지만 그의 공동체 개념은 볼링클럽부터 정치참여에 이르기까지 모든 사회적 네트워
크를 칭하는 모호한 것이기 때문에 여기서 다루지는 않겠다.

들은 특정한 정치철학이나 사회이념의 관점에서 하나로 묶이기 힘든 이질성을 갖고 있다. 그리고 아직까지는 영미권의 공동체 논의로부터 별로 큰 영향을 받고 있지 않은 것으로 보인다. 오히려 두레, 계와 같은 한국의 전통적 농촌공동체의 유산, 일본 등 외국의 생태적 마을 만들기의 경험으로부터 받은 영향이 더 크다. 그리고 정치철학적 성향으로 보자면, 때로는 개인들의 자유와 평등을 강조하는 등 자유주의 색채를 드러내기도 하지만, 때로는 마르크스주의, 공상적 사회주의, 아우토노미아 등이 가진 코뮌(해방공동체)에 대한 지향을 드러내기도 한다.

나는 이 책의 4장에서 공동육아에서 시작된 도시마을을 모델로 한국의 새로운 도시공동체를 '친밀공동체(intimate community)'로 개념화하였다. 이 개념은 생태적 이슈를 매개로 친밀영역에서 생겨난 일본의 공동체가 가진 공공성을 강조한 사이토 준이치(齋藤純一)의 발상과 여러 면에서 유사하다. 그런데 친밀공동체론은 자유주의 및 개인주의와 양립하는 공동체에 관한 구상이라는 점에서 영미권 공동체주의 정치철학의 견해와 대립한다. 그리고 한국의 마을공동체 운동에 면면히 흐르고 있는 전통적 농촌공동체의 유산으로부터 단절하려는 지향을 함축하고 있다.

친밀공동체론의 두 번째 후속 연구인 이 글은 내가 왜 영미적 의미에서든, 한국 전통의 의미에서든, 공동체주의적 공동체 혹은 전통주의적 공동체 지향과 거리를 두고자 하는지를 밝히는 것을 목표로 삼는다. 그리고 이 목표는 현대 사회에서 현실적일 뿐 아니라 인권을 위협하지 않는 공동체에 대한 모색으로 이어진다.

이 글의 전개 과정에서 드러나겠지만, 나는 익명적이고 비인격적인 관계가 지배적인 현대 사회, 즉 Gesellschaft로서의 사회에서 공동체(Gemeinschaft)를 전면적으로 확산하려는 시도는 비현실적라고 판단한

다.[2] 그리고 공동체란 그것이 은유가 아닌 한 개인성의 미발달에 의존하
거나 아니면 개인성을 다소 억압함으로써 성립한다고 본다. 그래서 익명
적 관계가 지배적인 현대 사회의 병폐들로 인해 제기될 수밖에 없는 공동
체 지향은 극히 제한적으로만 실천되어야 한다고 본다. 그리고 이러한
제한적 공동체는 다소 비정치적이고 다소 비합리적인 성격을 가진다고
보며, 이런 성격을 친밀관계들에 기초한 감성공동체이자 돌봄의 공동체
로 특징짓고자 한다. 그리고 이런 공동체들이 현대적 조건에서 현실적이
라고 본다.

이 글의 2절은 공동체주의 정치철학자들의 논의에 깔려 있는 도덕 공
동체 혹은 자치 공동체의 현실성과 위험성에 대해 비판적으로 검토한다.
3절에서는 이러한 공동체를 부분적으로나마 회복하려 했던 도시계획의
실험인 뉴어버니즘의 이상과 실재를 비교하면서 현대적 조건에서 현실
적인 공동체의 윤곽을 그려보고자 한다. 4절에서는 오늘날 거대 익명사
회에 대한 반발로 일어나는 공동체 지향이 과연 전면적인 공동체인 전통
적 공동체의 성립 조건과 양립할 수 있는지 검토한 후 사회 전체를 공동
체화하겠다는 기획을 비판적으로 검토할 것이다. 그리고 마지막 5절에
서는 현대적 조건에서 현실적인 공동체들의 형성 동력과 그 성격을 밝힐
것이다.

---

2 이 점에서 나는 마르크스주의의 코뮤니즘 사회 관념과도 거리를 둔다. 다만 마르크스
   가 지향했던 '자유인의 연합'을 국지적이고 제한적인 것으로 받아들인다. 이에 관해서
   는 4절에서 다룰 것이다.

## 2. 공동체주의 도덕 공동체 혹은 자치 공동체에 대한 비판

공동체주의 정치철학자들의 저서에서는 대체로 고대 덕 윤리 전통 혹은 초기 근대 공화주의 전통을 오늘날 시민적 덕(civic virtue)이 사라진 상황과 대비시키는 것, 그리고 자유주의 정치철학의 비현실성과 문제점을 드러내는 것이 주요한 내용을 이루고 있다. 공동체주의 정치철학은 현대 정치와 민주주의의 한계를 진단하고 자유주의적 자아관의 공허함을 비판하면서 널리 주목을 받았다. 하지만 이미 사라진 도시국가적 전통 혹은 미국 건국 시기 공화주의 전통을 현재의 조건에서 어떤 방식으로 되살릴 것인지에 관한 그들의 논의는 상대적으로 빈곤하다. 그들은 저서의 맨 뒷부분에서 짤막하게 언급하는 데 그치곤 한다. 그래서 그들이 오늘날 되살리고자 하는 공동체의 상을 제대로 파악하는 것은 쉽지 않다. 여기서는 아리스토텔레스 전통을 강조하면서 자유주의와 더 강하게 대립해온 공동체주의 철학자인 매킨타이어와 샌델[3]의 주요 저서로부터 그들이 회복하고자 하는 공동체의 상을 도출해보겠다.

매킨타이어는 『덕 이후』(*After Virtue*, 2007)의 제17장에서 정의의 원리에 관한 롤즈와 노직의 설명은 모두 '응분의 몫(desert)'을 언급하지 않을 뿐 아니라 응분의 몫에 아무런 자리도 제공하지 않는다고 비판한다. 매킨타이어에 따르면, 롤즈의 정의로운 재분배에서는 현재 곤경에 처해 있는 사람들의 과거가 아무런 의미를 갖지 못한다. 그리고 노직이 강조하는 불가침의 권한은 원초적 취득이 정당화될 수 없기 때문에 그 근거를

---

3  공동체주의의 조류들을 분류한 학자들은 테일러와 왈처가 현대적인 자유주의 및 다원주의와 양립 가능한 주장을 하는 데 반해, 매킨타이어와 샌델은 통합주의적이라고 평가한다. 나는 도덕 공동체 혹은 자치 공동체 관념에 대한 비판에 초점을 맞추기에 통합주의적 공동체주의자들만 다루겠다.

상실한다. 이러한 비판을 통해 매킨타이어는 공적에게 자리를 제공할 수 없는 "우리 사회는 도덕적 합의의 성취를 희망할 수 없다"는 결론을 도출한다.[4]

매킨타이어에 따르면, 이러한 합의 불가능성으로 인해 하나의 덕이 배제되는데, 그것은 바로 '애국심(patria)'이다. 그는 "애국심의 실천은 선진 사회들에서는 더 이상 예전의 방식으로는 가능하지 않다"고 주장한다. 이러한 주장이 성립하는 것은 그가 시민들의 "정치적이고 도덕적인 공동체에 속함"과 "그런 공동체의 정부에 속함"을 뚜렷이 구별하기 때문이다. 그에 따르면, 애국심은 후자가 아니라 전자를 기초로 하는데, 오늘날의 정부 혹은 사회는 도덕적 공동체를 대표하는 것이 아니라 "관료제화된 통일성을 부과하는 일련의 제도적 장치일 뿐"이다.[5]

이러한 진술들을 통해서 우리는 매킨타이어의 기준에 따른 정치적이고 도덕적인 공동체의 상을 대략 도출해볼 수 있다. 그것은 현재의 재분배 혹은 현재의 권한과 관련해 과거로부터 쌓아온 응분의 몫에 관해 함께 논하고 합의할 수 있는 단위이며, 그러한 도덕적 합의를 근거로 한 애국심을 덕으로 삼을 수 있는 단위이다. 타인의 공적을 확인할 수 없고 제도적 강제 이외의 통합 방도가 없는 익명적 사회 혹은 관료제적 정부는 결코 그러한 공동체로 간주될 수 없다. 따라서 매킨타이어가 지향하는 공동체는 현대 국가보다 매우 작은 단위일 가능성이 높다는 점, 그리고 하버마스(Jürgen Habermas)의 용어를 빌어 말하자면 '체계통합(Systemintegration)'에 의존하지 않으면서 '사회적 통합(Sozialintegration)'을 이루고 있는 도

---

4   MacIntyre, Alasdair. *After Virtue*, 3rd ed. Notre Dame UP, 2007, p.252.

5   위의 책, p.254.

덕적 공동체라는 점을 파악할 수 있다.[6]

샌델은 경제적 지구화가 진행되면서 국민국가가 약화되는 경향을 진
단하면서, 매킨타이어보다 더 적극적으로 현대적 조건에서 가능한 공동
체의 상을 제시한다. 그는 자유주의 전통에 의해 확립된 절차적 공화정
의 민주주의에 대한 불만이 갈수록 커지고 있다고 본다. 그는 이렇게 불
만이 커지게 된 원인들 가운데 하나로 전지구적 경제와의 관계 속에서
기존의 자치 수단인 국민국가가 약화된 것을 꼽는다.[7] 그리고 샌델은 유
럽연합과 같은 초국적 거버넌스, 국제적 환경운동과 인권운동 등에 의해
출현하고 있는 전지구적 시민사회, 그리고 마사 누스바움 등이 주장하는
코스모폴리탄적 시민교육 등의 이상이 가진 한계를 지적한다. 그는 칸트
이래 "보편적(universal) 정체성"을 "특수한(particular) 정체성"보다 앞세
우는 경향에 대해 "친구 없이 보편적인 친화적 성향만 갖고 있을 만큼
고결한 인간들이 사는 세계를 상상하기는 어렵다", "우리는 평생의 대부
분을 인류애보다 작은 연대 속에서 지낸다" 등과 같은 근거들을 제시하
며 비판한다.[8] 그리고 샌델은 구체적 장소와 자기 삶의 이야기(narrative)
를 풀어낼 수 있는 특수한 공동체의 의의를 강조한다.

코스모폴리탄적 전망에 맞서 샌델이 제시하는 대안은 주권의 재배치
가 아니라 '주권의 분산'이다. 주권 국가를 대신할 유망한 대안은 단일한
세계공동체가 아니라 "주권을 분산 소유하는 다수의 공동체들과 정치체

---

6  하버마스에 따르면, 체계통합은 권력, 화폐 등 언어적 의사소통의 부담을 경감시키는
   조종매체를 통해 이루어지는 통합이며, 사회적 통합은 생활세계에서 언어적 의사소통
   을 통해 상호주관적으로 이루어지는 통합이다. 하버마스, 위르겐. 『의사소통행위이론
   2권』, 나남, 2006, 241~243쪽.
7  샌델, 마이클. 『민주주의의 불만』, 동녘, 2012, 448쪽.
8  위의 책, 453쪽.

들"이다.⁹ 그런데 여기서 유의할 것은 샌델이 국가보다 더 포괄적인 공동체, 예를 들어 유럽연합과 같은 것을 불필요하다고 보지 않는다는 점이다. 그는 주권이 위와 아래 양쪽으로 분산된 체제를 지향한다. 다만 특수한 정체성들을 형성할 수 있는 아래쪽으로의 분산이 더 기본적인 것임을 강조한다. "민주정치를 할 수 있는 보다 유망한 토대는 우리가 사는 특수한 공동체들에서 함양되는 시민적 삶의 부활"이기 때문이다.¹⁰

샌델이 이러한 특수한 공동체들의 현실화를 위해 강조하는 것은 도덕적이고 종교적인 논증을 배제하지 않는 공적 논의와 시민 교육이다. 그는 1980년대와 1990년대에 미국에서 복지, 교육, 범죄, 공공정책 등에 관한 논의에서 일어난 '덕의 부활', 1990년대에 지역사회개발법인, 스프롤 버스터, 뉴어버니즘 등을 통해 일어난 '시민권의 정치경제'에 주목한다. 그리고 미국 역사에서 활발히 전개된 시민권 운동을 공화주의적으로 해석함으로써, 이러한 특수한 공동체들의 형성 가능성을 기대한다.

여기서 우리가 주목할 지점은 도덕적 합의에 대한 매킨타이어의 강조가 다소 선행적인 조건으로 보이는 데 반해, 샌델은 '형성적 기획 (formative project)'을 강조한다는 것이다. 이것은 공동체적 인격 형성을 위한 시민 교육의 중요성을 말하는 것이기도 하지만, 공동체를 위해 필수적인 공동선을 시민들이 함께 만들어갈 수 있음을 강조하는 것이기도 하다. 예를 들어, 샌델은 루소의 공화주의에 대한 반대 입장과 토크빌의 공화주의에 대한 찬성 입장을 분명히 밝힌다. 루소가 공동선이 단일하고 논의할 여지없이 분명하다는 가정을 깔고 있는 반면, 토크빌은 의견의

---

9  위의 책, 456쪽.
10  위의 책, 457쪽.

불일치를 허용하기 때문이다.[11] 따라서 샌델이 형성하고자 하는 공동체는 서로 다른 도덕적 기준에 따른 의견들 사이의 논쟁을 허용하는 것임을 알 수 있다. 이 점에서 샌델의 형성적 기획은 매킨타이어의 것에 비해 다원주의적 현실을 고려하는 공동체 구상이라는 평가를 받을 수 있다.

매킨타이어가 현대 사회 혹은 정부와 대비시켜 강조하는 정치적이고 도덕적인 공동체는 루만(Niklas Luhmann)의 의미에서 '기능적으로 분화된 세계사회'와 양립하기 어렵다. 또한 하버마스가 사회의 통합은 사회적 통합으로만 이해될 수 없고 체계통합과 사회적 통합의 두 가지로 이해되어야 한다고 말했던 것과도 양립하기 어렵다. 즉 20세기 후반의 대표적인 사회학자들이 진단한 현대적 조건과 양립하기 어렵다. 예를 들어, 현대 사회의 기능 영역별 분화가 다시 탈분화(Entdifferenzierung)되지 않는다면 공동체 안에서 응분의 몫에 대한 합의는 이루어지기 어려울 것이다. 기능적으로 분화된 사회에서는 경제적 몫, 정치적 몫, 학문적 몫 등의 평가 기준이 통일될 수 없기 때문이다. 또한 지역별, 문화별로 서로 다른 응분의 몫에 대한 기준을 고려한다면, 공동체는 통일된 몫의 기준을 지키기 위해 지역적 고립과 문화적 배타성을 추구할 수밖에 없을 것이다.

그에 반해, 샌델은 현대 사회의 경제적 지구화 추세를 고려하여 비교적 적극적인 대안을 제시한다는 점에서 현대적 조건을 고려하는 것으로 보인다. 그런데 과연 분권화는 경제적 지구화의 흐름에 맞설 수 있는 대안이 될 수 있을까? 이에 대해 김은희는 첫째, "공동체성이 더 강한 많은 나라들의 역사적 사례"가 그런 대안이 되지 못했음을 지적하며, 둘째,

---

11  위의 책, 425쪽.

"역부족인 소규모 공동체들은 더욱더 공격적이고 맹렬해질 것이며, 무장을 마다하지 않을 수도 있다"며 그 위험성을 지적한다. 그리고 셋째, "대규모 경제 세력들에 효과적으로 대응하기 위해 언젠가는 다시 연합을 시도하여 대규모의 단위를 구성할 수밖에 없을 것"이라고 그 귀결을 진단한다.[12]

물론 김은희의 비판은 샌델이 주권의 분산을 양쪽으로, 즉 아래로뿐만 아니라 위로도 해야 한다고 말한 것을 충분히 고려하지 못한 것이다. 그럼에도 샌델의 강조점이 첫째, 아래로의 방향에 있다는 점에서, 둘째, 샌델이 다중적 유대를 갖고 살아가야 하는 시민들에게 '특정한 장소'와 그런 장소에 기초한 '이야기'를 강조하고 있다는 점에서, 셋째, 샌델이 상이한 장소들을 포괄할 수밖에 없고 이질적인 이야기들이 갈등하기 쉬운 큰 공동체 혹은 연합된 공동체에 대한 충성이 어떻게 가능한지 전혀 설명하고 있지 않다는 점에서, 김은희의 비판은 어느 정도 타당성을 갖는다.

샌델은 자신의 시민적 공화주의가 루소의 억압적인 공화정이 아니라는 것, 그리고 자신이 근본주의에 반대한다는 것을 여러 차례 강조한다. 하지만 김은희가 우려하듯이, 과연 경제적 지구화의 흐름에 맞서 이런 작은 공동체가 공격적으로 바뀌지 않으리라는 보장이 있을까? 더구나 그 공동체가 종교적이고 도덕적인 논증을 시민교육과 정치적 논의에 포함시킨다면, 다른 종교적 및 도덕적 배경을 가진 거대 정치 혹은 더 큰 공동체가 이 작은 공동체를 근본주의로 내모는 것을 막을 수 있을까?

12  김은희, 「샌델의 시민적 공화주의는 '민주주의의 불만'을 해소할 수 있는가?」, 『철학사상』 제45호, 2012, 187쪽.

이 지점에서 또 하나의 의문이 제기된다. 현대 사회에서 과연 종교적 논증과 도덕적 논증을 포함하는 정치적 논의에 기초한 자치공동체가 개인성과 다원주의를 억압하지 않고 유지될 수 있을까? 현대 국가의 발전 과정에서 종교와 도덕이 교육과 정치로부터 배제된 것은 종교와 도덕이 쉽게 극단적인 갈등으로 치닫기 쉬운 성격을 갖기 때문이다.[13] 그래서 현대 국가가 종교와 도덕의 중립화를 위해 선택한 것이 '법의 지배(rule of law)', 즉 샌델의 표현에 따르면 '절차적 공화정'이다. 그래서 샌델의 공동체가 종교적 관용과 도덕적 다원주의를 허용한다 하더라도, 시민교육의 내용과 자치를 통해 이루어질 결정의 내용은 여러 종교나 여러 도덕관에 대해 공평무사할 수는 없을 것이다. 자치(self-rule) 역시 통치 혹은 지배(rule)이므로 결정에 반대하는 소수 의견에 대해 억압적일 수밖에 없다.[14] 그리고 이것은 개인주의에 대한 억압을 초래한다. 또한 이러한 억압은 공동체 내부에서 종교적이고 도덕적인 내전을 초래하기 쉽다.

샌델은 주권국가의 '일반 의지'를 강요하는 루소의 공화주의를 비판한다. 하지만 그가 과거의 사례를 통해 대안처럼 제시하는 토크빌의 타운십이나 제퍼슨의 카운티보다 작은 지역 자치 단위 선거구 역시 그것이 통치요 지배인 한 무언가를 결정하여 개인들에게 강제한다. 그리고 집단

---

13  루만은 현대 사회에서 도덕의 특징을 다음과 같이 말한다. "도덕의 코드는 분명한 지침이 없이도 쉽게 현실화될 수 있는데, 하지만 도덕의 기준들(규칙들, 프로그램들)에는 더 이상 합의를 이루기 어렵다. 그리하여 도덕은 분쟁유발적인 특징을 띠게 된다. 도덕은 갈등으로부터 생겨나서 갈등에 불을 붙인다." - 루만, 니클라스. 『사회의 사회』, 새물결, 2014, 474쪽.

14  루만에 따르면, 정치의 기능은 "집단적 구속력을 갖는 결정"이며, 정치의 코드는 '권력우세/권력열세'와 '여당/야당'이다. 그리고 현대 정치의 경우, 규범적 기대를 안정화시키는 기능과 합법/불법을 코드로 갖는 법에 의해 이차 코드화되어 있다.

적 구속력을 갖는 결정은 어느 정도 다원성에 대한 억압을 초래한다. 더구나 종교적이고 도덕적인 정치는 절차적 공화정 혹은 법의 지배가 발달시켜온 역설 전개 장치를 갖추지 못하고 있다.[15] 즉 법적 절차화를 통해 갈등을 무마하는 데 무력할 수밖에 없다. 종교적-도덕적 내용이 전면에 부상하면 결국 갈등은 극단화될 수밖에 없다.

그밖에도 우리는 오늘날 현대 도시에서 형성되고 있는 공동체들이 과연 민주주의의 불만을 동력으로 하고 있는지를, 즉 자치와 시민권 운동이 그 형성 동인인지를 따져볼 필요가 있다. 이에 관해서는 뉴어버니즘에 대한 비판을 통해 살펴보도록 하겠다.


## 3. 뉴어버니즘의 한계

지구단위 계획과 교통망을 중시했던 모더니즘 도시계획에 반발하여 1980년대 후반 미국에서는 새로운 도시운동이 시작된다. 모더니즘 도시계획은 도시가 교외의 주거지구로 팽창하는 난개발인 '스프롤(sprawl)'을 낳았다. 스프롤은 도시 중심가에서 이루어지던 사람들의 만남을 저해하고 여러 가지 공동체 활동을 위축시켰으며, 자동차 의존도를 높이고 도시 주변지역의 자연환경을 파괴했다. 그래서 새로운 도시운동가들은 교외 지역에 자족성을 갖춘 새로운 작은 도시를 설계한다. 이 새로운 도시 설계자들은 전통적 근린지구 개발의 문제의식인 TND(Traditional Neighborhood Development)와 대중교통, 보행, 자전거 이용 등을 중시하

---

15 루만에 따르면, 현대 사회의 기능체계들은 이항 코드들(여/야, 합법/불법, 지불/비지불 등)에 따른 역설을 전개하고 옮겨놓는 장치들을 통해 합리성을 추구한다.

는 문제의식인 TOD(Transit-Oriented Development)를 결합시켜 뉴어버니
즘 혹은 신전통주의(Neo-traditionalism)라 불리는 노선을 채택한다.[16]

뉴어버니즘 도시계획은 외관상으로 보자면, 근린성, 지구, 회랑이라
는 세 가지 형태의 계획 개념을 기초로 한다. '근린성(neighborhood)'이란
고밀도 건축을 통해서 하나의 도시를 걸어서 다닐 수 있는 범위로 계획하
는 것이다. 여기서 '고밀도 건축'이란 미국 주거지역에서의 상대적 기준
으로서 대개 3-4층 수준이다. '지구(district)'란 산업화 시대에 공장지
구, 상업지구, 주거지구 등으로 나누어놓았던 것을 하나의 지구가 복합
기능을 하도록 하는 계획이다. 그리고 '회랑(corridor)'이란 주택의 현관
(porch)에서 직접 거리로 접근할 수 있도록 설계하여 이웃들 간의 만남을
촉진하는 계획이다.[17]

이러한 뉴어버니즘 계획의 목표는 단순히 외관만 바꾸는 것이 아니다.
그 목표는 "사람들의 의식까지 교외화 이전으로 돌아가고자 하는 것"이
다.[18] 그래서 뉴어버니즘 도시연구자인 탈렌(Emily Talen)은 "열린 공간을
늘리고, 주택을 가로에 가깝게 배치, 필지규모 및 건축선 후퇴를 줄이는
것, 현관이 길에 바로 접하도록 하는 방식" 등의 설계 원칙을 제시하면
서, 그것의 목표를 "공동체 감각"으로 규정한다.[19]

그렇다면 이러한 뉴어버니즘의 이상은 현실에서 어떤 결과를 낳았을
까? 지금까지는 여러 측면에서 그 이상에 어긋나는 결과가 나왔다. 「뉴

---

**16**  김흥순, 「뉴어버니즘의 실제: 미국 켄틀랜즈의 사례」, 『국토연구』 51, 2006, 111쪽.

**17**  마크 고트디너·레슬리 버드, 『도시연구의 주요 개념』, 라움, 2013, 161~163쪽.

**18**  김흥순, 위의 글, 112쪽.

**19**  Talen, Emily. "Sense of Community and Neighbourhood Form: An Assessment
of the Social Doctrine of New Urbanism", *Urban Studies 36.8*, 1999, p.1363.

어버니즘 헌장」에 따라 건설된 신도시들의 역사는 아직 짧으며 앞으로도 새로운 실험이 계속될 것으로 보이기 때문에 잠정적인 평가일 수밖에 없지만 말이다.

현재까지의 결과를 보면, 대부분의 뉴어버니즘 도시에서는 자동차 보유율과 이용률이 전혀 줄어들지 않았다. 이것은 소비 자족성이 실현되지 못했음을 뜻한다.[20] 심지어 몇몇 도시에서는 뉴어버니즘 계획에서 중심지로 설정되었던 장소의 상가들이 문을 닫았다. 주민들이 주로 자동차를 타고 교외의 대형마트를 이용했기 때문이다.

뉴어버니즘 대표 도시로 불리는 켄틀랜즈(Kentlands)의 경우에는 대형마트의 입점을 저지함으로써 상가가 활성화되었다. 소비 자족성을 실현한 것이다. 그런데 도시계획 당시 이상으로 설정했던 '일과 생활의 양립'이 이루어지지는 못했다. 켄틀랜즈에서는 근린성을 실현하기 위해 3층에는 주거, 2층에는 업무, 1층에는 소매 기능을 입지시킨 '직주복합 건물(Live-Work Building)'이 들어섰다. 3층에 거주하는 사람이 2층으로 출근하고 1층에서 소비한 후 다시 3층으로 퇴근하는 모습을 염두에 둔 것이다. 그런데 몇 년 후 결과를 보면, 2층에서 근무하는 사람들 중 대부분은 그 건물에 거주하지 않았으며, 외지에서 출근하는 경우도 많았다.[21] 이것은 뉴어버니즘 도시에서 고용의 자족성 실현 수준이 높이 않다는 것을 뜻한다.

뉴어버니즘 도시계획가들은 이웃들 간의 활발한 교류와 공공장소들을 통해 인종간 혹은 계층간 혼합이 이루어지길 기대했다. 그런데 켄틀랜즈

---

20   김흥순, 위의 글, 120쪽.
21   김흥순, 위의 글, 118쪽.

의 경우, 오히려 주변의 다른 도시들보다 백인 비율, 고소득층 비율, 대졸 이상 고학력자 비율 등이 더 높았다.[22]

이렇게 뉴어버니즘의 이상과 괴리된 실제 결과들 중에서 특별히 주목한 점이 있다. 다른 도시들에 비해 켄틀랜즈에서는 주민들의 모임이 잘 이루어지고 여러 작은 공동체들이 활성화되긴 했지만, 그 활성화가 지방자치와 시민권 운동의 활성화와는 무관하다는 점이다. 조사에 따르면, 켄틀랜즈 주민들은 서로 만나고 모이는 것을 매우 좋아한다. 그런데 그 공동체 의식은 "사교모임 수준의 회합의 다른 표현일 뿐"이다. 켄틀랜즈의 지방자치 담당자는 "도시계획 결정에 있어서도 주민들의 참여는 다른 도시와 크게 다르지 않다"고 말한다.[23] 따라서 뉴어버니즘 도시의 주민들은 다른 도시들의 주민들보다 공동의 관심사나 취미를 위해 활발하게 만나 함께 놀긴 하지만, 스스로를 도시 운영의 주체라고 생각하지 않는다는 점을 알 수 있다. 여가 생활에서는 주민들의 공동체 감각이 높아졌지만, 자치의 열의에 있어서는 다른 도시들의 주민들과 별 차이가 없는 것이다.

따라서 우리는 뉴어버니즘 도시에서 탈렌이 기대했던 공동체 감각은 극히 제한된 주제로 국지적인 범위에서 발달했을 뿐이라고 평가할 수 있다. 그리고 이 감각은 여러 공동체주의자들이나 뉴어버니스트들이 기대했던 것과 달리 공공적 기능을 위해서는 별로 발달하지 않았다. 공동체의 활성화가 자치와 시민적 참여의 활성화로 이어지지 않은 것이다.

우리는 한국의 새로운 도시형 공동체들에서도 공동체의 활성화가 곧

---

22  김흥순, 위의 글, 124~125쪽.
23  김흥순, 위의 글, 126쪽.

지방자치 참여로 이어지는 것은 아님을 확인할 수 있다. 성미산 개발을 막기 위해 시민권 운동이 활성화되었다고 할 수 있는 성미산마을의 경우, 그 운동의 성과를 모아 구의원 선거에서 두 차례 마을후보를 출마시켰으나 당선되지 못했다. 그래도 성미산마을은 부산 해운대구 반송마을과 함께 마을공동체의 성과를 지방자치로 이어가려는 시도를 한 예외적인 경우에 속한다. 마을공동체가 활성화된 것으로 알려진 한국의 다른 여러 지역들에서 이 공동체들이 지방자치에 적극 개입하는 경우를 찾아보기는 어렵다.

이것은 샌델과 같은 공동체주의자들의 공동체 개념이 고대의 정치 중심의 자족적 공동체의 모델에 과도하게 사로잡혀 있음을 드러낸다. 그들은 기능적으로 분화된 현대 사회에서는 공동체가 특정 몇몇 기능들에 국한된 것일 수도 있음을, 그리고 현대 사회에서는 정치 또한 사회의 문제 해결을 위한 여러 기능들 중 하나의 기능일 뿐임을 고려하지 못한다. 현대적 조건에서 현실적인 공동체는 공공적 논의나 자치와 같은 정치적이고 이성적인 기능을 그 동력으로 삼지 않을 수 있음을 고려하지 못한 것이다.

## 4. 전통적 공동체 및 공동체 사회 관념과의 작별

아리스토텔레스의 '코이노니아 폴리티케'이건, 조선 후기의 '종족마을'[24]이건, 전통적 공동체는 '자족성'이란 특징을 갖는다. 자족성은 오늘

---

[24] 김일철은 마을의 주류를 이루고 있는 성씨가 있는 조선 후기의 마을을 '종족마을'이라고 규정했다. 김일철, 『종족마을의 전통과 변화』, 백산서당, 1998.

날 흔히 쓰이듯이 생산, 고용, 소비 등 경제적 측면의 자족성만 뜻하는 것이 아니라 정치적 자족성을 포함한 총체적인 의미를 갖는다. 이러한 자족적 공동체에서 개인은 한 가족의 구성원으로서 곧 공동체의 구성원이 된다. 그래서 개인은 복합적인 정체성을 가질 필요가 없다.

그에 반해, 현대 사회는 익명적 관계가 지배적인 사회이며, 기능적으로 분화된 세계사회이다. 그리고 이런 사회와 함께 살아가는 개인은 그 출신과 무관하게 조직들에서 여러 가지 기능적 역할들을 맡음으로써 사회에 포함된다. 자신의 출처도 아니고 자신의 의사에 따라 결정이 이루어지지도 않는 조직들을 대부분의 개인들은 '공동의 것'으로 느끼지 못한다. 가끔씩 자신의 학교, 자신의 회사, 자신의 나라 등이 자랑스럽게 느껴질 때 '공동체'라고 부르고 그렇게 느낄 때도 있다. 하지만 이 느낌은 앤더슨의 표현법에 의하면 '상상된 공동체(imagined communities)'일 뿐 '현실적 공동체(actual communities)'는 아니다.[25]

현대 사회에서 주로 익명적 관계, 역할에 따른 관계에 따라 살아가는 개인들에게 '자치', '자족성' 등의 환상을 불러일으키는 전통적 공동체는 때때로 매력적이다. 하지만 그가 사회화되는 과정에서 훈련받아 이미 익숙해진 다맥락적 삶과 개인주의는 전면적 공동체의 단일맥락적 삶으로 돌아가기 어렵게 만든다. 이미 획득된 복잡성 처리 능력을 저하시키는 진화는 파국 없이는 쉽게 이루어지지 않는다. 하지만 매우 제한된 범위에서는 자신의 자유의지가 공동의 원칙과 모순되지 않는 작은 공동체를 만날 수 있다. 공식 조직들에서 느끼기 힘든 해방감을 맛볼 수 있는

---

25  상상된 공동체와 현실적 공동체의 구별, 비자발적 공동체와 자발적 공동체의 구별 등에 관해서는 4장을 참조하라.

공동체들에 빠져들 수 있다.

마르크스와 그에게 영향을 미친 슈티르너, 프루동 등 당대의 사회주의자들은 개인주의를 충분히 고려한 해방공동체를 기획했다는 점에서 전통적 공동체 관념과 차별화된다. 그래서 초기 근대의 여러 서양 사회주의 경향에서 비롯한 공동체 구상, 그리고 이와 비슷한 발생 맥락을 갖고 있다고 볼 수 있는 한국의 동학을 비롯한 동양의 초기 근대 종교운동은 오늘날 공동체를 지향하는 여러 흐름들에 상당한 영향을 미치고 있는 것으로 보인다.[26] 여기서는 마르크스의 코뮤니즘에 대해서만 비판적으로 검토하겠다.

슈티르너의 "에고이스트 연합", 프루동의 "연합의 연합" 등의 영향을 받은 마르크스는 코뮤니즘을 "각자의 자유로운 발전이 모두의 자유로운 발전의 조건이 되는 연합"이라고 표현했다.[27] 그런데 과연 개인의 자유로운 발전을 우선시하면서도 유지될 수 있는 공동체가 있을까? 만약 그 공동체가 개인의 자유로운 발전을 위해 절실히 '필요'한 것이라면, 개인은 공동체에 의해 부과되는 모든 의무를 자신의 자유를 위한 것으로 받아들일 것이다.

공동육아에서 출발한 마을공동체의 경험을 말하는 사람들은 육아라는 절실한 필요와 그에 따른 자발성이 공동체를 성립시켰다고 말한다.[28] 그

---

26  농촌을 배경으로 오랜 역사를 가진 지역공동체인 원주와 홍성의 경우 동학, 무교회운동 등 초기 현대의 종교운동에 기초하며 7,80년대의 급진적 민주화 운동과도 깊은 관련을 맺어왔다. 성미산마을 등 공동육아에서 시작된 수도권 마을공동체들의 경우 1980년대의 급진적 학생운동 경험을 가진 부모들이 많았고, 이들 중에는 원주나 홍성을 이상적 모델로 삼은 경우도 많다.
27  『칼 맑스/프리드리히 엥겔스 저작선집 1권』, 박종철출판사, 1991, 421쪽.
28  유창복, 「나의 마을살이 10년 – 이제 마을하자!」, 『진보평론』 43, 2010, 80~81쪽.

런데 이렇게 특정 기능에 따라 형성된 공동체에서 절실한 필요가 없는 공동체의 의무, 예를 들면 지방자치에의 참여 의무가 부과된다면 어떻게 될까? 마르크스의 이상적 공동체 원리에 따를 경우 추가적 의무가 자신의 자유로운 발전을 저해한다고 여기는 개인들은 탈퇴할 것이다. 실제로 한국의 도시형 마을공동체들에서도 이러한 탈퇴는 빈번하게 일어난다. 그래서 육아공동체가 그 기능과 다른 일을 하기 위한 공동체를 지향하는 경우에 상당수 구성원이 중복된다 하더라도 새로운 공동체를 만든다. 예를 들어, 초등방과후, 대안학교, 생활협동조합, 마을카페, 마을극장 등등은 각각 별도의 공동체로 조직된다. 그리고 이러한 공동체 조직들은 그것들의 필요에 따라 협동조합연합회나 지역네트워크와 같은 연합체를 형성하기도 한다. 한국의 도시마을들은 사실 이런 조직들의 느슨한 네트워크이다.

그렇다면 우리는 마르크스의 해방공동체 이념을 매우 제한적인 필요에 따른 매우 국지적인 범위의 공동체와 그들의 매우 선택적인 네트워크를 위한 원리로 이해해야 할 것이다. 이 이념을 만약 '공동체 사회', 즉 사회 전체를 공동체화하겠다는 이념으로 생각한다면 개인의 필요와는 무관하게 공동체의 의무를 강요하게 될 것이다. 즉 개인주의를 전제로 하고 있는 마르크스의 이념을 배반하는 결과를 낳게 될 것이다. 물론 자발적이고 현실적인 공동체들의 네트워크는 제법 큰 규모로 확장되는 것처럼 보일 수도 있다. 하지만 성미산마을의 모든 주민들이 마을후보를 지지하지는 않았듯이, 가장 큰 것처럼 보이는 정치적 공동체조차도 매우 제한된 범위의 필요에 따른 국지적 공동체일 뿐이다.

## 5. 현대적 조건에서 현실적인 공동체의 방향: 친밀공동체, 돌봄의 공동체

샌델의 '형성적 기획'이 무엇보다 염두에 두고 있는 공동체는 아리스토텔레스 전통에 따라 정치적이고 이성적이다. 그런 공동체는 도덕적이고 종교적인 논증을 포함하는 이성적 논의 과정을 통해 시민자치를 실현하려 한다. 뉴어버니스트들이 부활시키고자 했던 공동체는 공공계획에 대한 활발한 시민 참여를 기대한다. 하지만 개인의 자유로운 발전을 위한 혹은 개인의 필요에 따른 연합이라는 현대적 공동체 형성 원리를 염두에 둔다면, 공적 논의와 자치가 과연 개인들의 절실한 필요인지, 그리고 개인들의 자유로운 발전을 위해 필수적인지 의문스럽다.

현대 사회의 개인들은 생활의 많은 필요를 기능체계들의 공식 조직들을 통해 충족한다. 국가와 지방정부의 행정 서비스, 기업들의 고용, 상점들의 판매, 학교들의 교육 등은 여러모로 불만족스럽긴 하지만 그럭저럭 살아갈 수 있게 해준다. 물론 이러한 불만족 때문에 공식 조직들의 영역에서도 그것들의 탈인격적 운영 원리에 맞서 공동체를 지향하는 대안조직들이 결성되곤 한다. 예를 들어, 대형마트와 프랜차이즈 음식점에 맞서 마을 단위의 생활협동조합이나 마을카페가 설립되며, 공교육과 사교육에 맞서 마을 대안학교가 설립된다.

그런데 이런 시도들이 그 형식만 갖춘다고 해서 강한 공동체 감각을 불러일으키는 것은 아니다. 협동조합은 익명사회의 공식 조직처럼 운영될 수 있고, 대안학교 역시 교육 프로그램만 다른 형식적 교육기관이 될 수 있다. 협동조합들이나 대안학교들을 기초로 '사랑'과 '우정'으로 표현될 수 있는 '친밀관계들'이 형성될 때, 비로소 그 구성원들은 강한 소속감과 공동체 의식을 가진다.

현대 사회에서는 '사회의 분화된 합리성'에 대비되는 '개인의 유일무이한 비합리성'을 독려하는 사회적 체계들이 발달하며, 후자의 핵심은 친밀관계들과 예술 등이다.[29] 4장에서 나는 이러한 친밀관계들을 기초로 한 도시마을의 네트워크를 '친밀공동체'로 규정했다. 나는 '친밀성'이 합리주의가 강조되는 기능체계들의 공식 조직 영역에서는 충족되지 못하는 개인들의 절실한 필요라고 본다. 그리고 샌델이 말하는 공동체의 공적이고 이성적인 이야기가 아니라 개인의 비합리적인 자기-이야기(self-narrative)를 가능하게 하는 것이 친밀관계들이라고 생각한다.

친밀공동체는 정치적이고 이성적인 논의를 향해 나아갈 가능성을 봉쇄하고 있지는 않지만, 그것의 기본적인 형성 동력은 감성적이다. 공식 조직들의 세계에서 외롭게 살아가는 자아들에게 무엇보다 절실한 것은 감성적 유대이며, 친밀공동체는 이 유대를 그 형성 동력으로 삼는다.

여기서는 추가로 이러한 친밀관계들에 기초한 공동체에 대한 필요가 갈수록 절실해지고 있는 영역들을 언급해보겠다. 4장의 친밀공동체론에서는 육아라는 절실한 필요가 공동체의 출발점이었음을 강조했다. 하지만 공동육아를 출발점으로 하지 않는 마을공동체들도 형성되고 있다. 그래서 현대적 조건에서 현실적인 공동체가 형성되는 출발 영역은 보다 폭넓게 파악되어야 할 것이다.

기능체계들의 공식 조직들이 제공하는 것으로는 쉽게 충족되기 힘든 필요, 그리고 무엇보다도 관계를 맺을 때 친밀성이 중요한 의미를 갖는

---

29  정성훈, 「사회의 분화된 합리성과 개인의 유일무이한 비합리성」, 『사회와 철학』 25, 2013.

필요는 포괄적으로 보자면, '돌봄(care)'으로 규정될 수 있다. 육아 역시 돌봄의 일종이다.

최근 한국에서는 '사회적 돌봄(social care)', '돌봄의 사회화' 등의 담론이 폭넓게 확산되고 있다. 그에 따라 정부와 지방정부들도 어린이집 지원, 공동육아 지원, 노인 돌봄 서비스, 간병인 지원, 장애인 돌봄 서비스 등을 제공하고 있다. 하지만 국가가 지원하는 어린이집들에서 일어나는 무수한 유아 학대 사건들, 그리고 사회복지사나 간병인을 노예처럼 부리는 돌봄 서비스 이용자의 문제들 등이 동시에 이슈가 되고 있다. 이것은 돌봄이라는 극히 정서적인 노동이 익명적이고 비인격적인 관계들을 통해서는 왜곡되기 쉽다는 것을 보여준다.

심신이 미발달한 상태이거나 미약해진 상태의 사람들을 위해 이루어지는 돌봄은 서비스 제공자와 서비스 수혜자가 무차별적인 관계일 때보다는 상호 신뢰하는 관계일 때 훨씬 효과적이며 왜곡될 소지도 적다. 그래서 과거에 돌봄은 가족의 몫으로 생각되었다. 하지만 돌봄의 과도한 짐을 떠맡은 가족의 병리현상에 대해서는 이미 수많은 비판이 이루어져 왔다. 그래서 더더욱 사회적 돌봄은 지금 절실한 요구이다. 하지만 공공 서비스에만 의존한 돌봄의 해결은 왜곡되기 쉽고, 금전적 서비스를 통한 돌봄의 해결은 돌봄의 불평등을 초래한다.

사회적 돌봄은 국가의 돌봄 지원과 서비스 제공을 반드시 필요로 하지만, 돌봄공동체의 육성이 동시에 이루어지지 않으면 왜곡되기 쉽다. 공동육아 어린이집의 사례에서 볼 수 있듯이, 돌봄 노동을 필요로 하는 사람들의 친밀관계들을 기초로 한 공동체 형성은 돌봄 제공자와 돌봄 수혜자의 상호 신뢰를 높일 수 있다.[30] 노인 돌봄, 환자 돌봄 등도 친밀관계들의 형성을 동반하는 협동조합 방식에 의해 실현될 수 있다. 국가는 그런

협동조합들을 육성하고 지원하는 것, 그리고 그런 공동체에 포괄되지 못하는 개인들은 직접 돌봄 서비스를 제공하는 것, 이 두 가지 방식으로 지원 방향을 차별화해야 할 것이다.

현대적 조건에서 현실적인 공동체에 대한 나의 모색은 어쩌면 거창한 공동체 개념을 매우 사소한 것으로 바꾼 것일지도 모른다. 하지만 현대 사회라는 조건을 출발점으로 삼지 않는 전통적이고 이상적인 공동체 관념이 초래할 수 있는 위험을 고려한다면, 이 위험한 개념을 사소하게 만드는 작업은 결코 사소하지 않을 것이다. 더구나 이 작업이 지금 우리의 삶에서 절실하게 필요한 공동체들을 개념화하는 일이라면 그 의의는 충분할 것이다.

30 정성훈, 「공동육아 협동조합과 사회적 돌봄」, 『여/성이론』 31, 2014.

## 논문출처

### 2장  루만의 가족 개념과 공동체 이론으로의 확장

정성훈, 「루만의 가족 개념과 공동체 이론에 대한 함의」, 『도시인문학연구』 제14권 1호(2022.04)를 수정하고 보완한 것이다.

### 4장  친밀공동체와 도시마을

정성훈, 「현대 도시의 삶에서 친밀공동체의 의의」, 『철학사상』 제41호(2011)를 수정하고 보완한 것이다.

### 5장  도시공동체의 친밀성과 공공성

정성훈, 「도시공동체의 친밀성과 공공성」, 『철학사상』 제49호(2013)를 수정하고 보완한 것이다.

### 6장  공동체주의 공동체의 한계와 현대적 조건에서 현실적인 공동체

정성훈, 「공동체주의 공동체의 한계와 현대적 조건에서 현실적인 공동체」, 『도시인문학연구』 제8권 2호(2016.10)를 수정하고 보완한 것이다.

## 1부 참고문헌

가족구성권연구소, 『법이 호명하는 가족의 의미와 한계』, 청년허브, 2021.

강대기, 『현대사회에서 공동체는 가능한가』, 아카넷, 2001.

공동육아와공동체교육, 『공동육아, 더불어 삶』, (사)공동육아와공동체교육, 2020.

권용혁, 『가족과 근대성』, 이학사, 2021.

김건우, 「니클라스 루만의 사회학적 계몽과 차이의 사회학」, 『사회와 이론』 37, 2020.

김미영, 「현대사회에서 존재하는 공동체의 여러 형식」, 『사회와이론』 제27집, 2015.

김성재, 『체계이론과 커뮤니케이션』, 커뮤니케이션북스, 2005.

김주환, 『포획된 저항. 신자유주의와 통치성, 헤게모니 그리고 사회적 기업의 정치학』, 이매진, 2017.

김혜경, 「가족구조에서 가족실행으로: 가족실천과 가족시연 개념을 통한 가족연구의 대안 모색」, 『한국사회학』 53.3, 2019.

로자, 하르트무르트 외. 『공동체의 이론들』, 라움, 2017.

루만, 니클라스. 서영조 옮김, 『생태적 커뮤니케이션』, 에코리브르, 2014.

_____. 장춘익 옮김, 『사회의 사회』, 새물결, 2014.

_____. 정성훈 외 옮김, 『열정으로서의 사랑』, 새물결, 2009.

류도향, 「가족적인 것의 확장: 유사성과 차이성」, 『인문사회과학연구』 21.1, 2020.

모건, 데이비드. 『가족의 탐구』, 이학사, 2012.

박구용, 「친밀성의 구성과 구조의 전환」, 『대동철학』 제93집, 2020.

베르크하우스, 마르고트. 『쉽게 읽는 루만』, 한울아카데미, 2012.

아리스토텔레스. 강상진·김재홍·이창우 옮김, 『니코마코스 윤리학』, 도서출판 길, 2011.

아리스토텔레스. 김재홍 옮김, 『정치학』, 길, 2017.

오유석, 「고대희랍의 가정과 여성 - 크세노폰의 Oeconomicus에 나타난 아내의 품성교육을 중심으로 -」, 『도덕윤리과교육』 제43호, 2014.

이재경, 「가부장제 이후의 한국 가족 - 정상성에서 유연성으로 -」, 『한국문화연구』 29, 2015.

이종철, 「헤겔의 『법철학』에서의 국가의 이중적 역할과 그 관계에 관한 연구」, 『헤겔연구』 제49호, 2021.

장춘익, 「공동체와 커뮤니케이션 - 그 역설적 관계에 관하여 -」, 『범한철학』 제82집, 2016.

전병재, 「공동체와 결사체」, 『사회와 이론』 1, 2002.

정미라, 「가족과 상호인정의 원리 - 헤겔의 인륜성 개념을 중심으로 -」, 『헤겔연구』 제49호, 2021.

정성훈, 「'좋은 삶'을 위한 공동체로서 살림 공동체」, 『시대와 철학』 제31권 3호, 2020.

_____, 「루만의 사회이론에서 포함과 배제」, 『도시 인간 인권』, 라움, 2013.

_____ · 원재연 · 남승균, 『협동과 포용의 살림공동체: 이론, 역사, 인천 사례』, 보고사, 2019.

크세노폰. 오유석 옮김, 『경영론 · 향연』, 부북스, 2015.

플라톤. 박종현 옮김, 『국가 · 정체』, 서광사, 2005.


Alvey, James E. "The ethical foundations of economics in ancient Greece, focussing on Socrates and Xenophon", *Internatioal Journal of Social Economics, Vol. 38 No. 8*, 2011.

Hegel, G. W. F. *Grundlinien der Philosophie des Rechts*, Suhrkamp, 1986.

Helmer, Étienne. "The Oikos as a Political Device in Plato's Works", *Diálogos 92*, 2012,

Hobbes, Thomas. *Leviathan*, Oxford University Press, 1996.

Kühl, Stefan. "Gruppen, Organisation, Familen und Bewegungen. Zur Soziologie mitgliedschaftsbasierter Systeme zwischen Interaktion und

Gesellschaft", *Zeitschrift für Soziologie, Sonderheft*, 2014.

Kühl, Stefan. "Gruppe – Eine systemtheoretische Bestimmung", *Kölner Zeitschrift für Soziologie und Sozialpszchologie, 73*, 2021.

Luhmann, Niklas. *Zweckbegriff und Systemrationalität*, Frankfurt/ M.: Suhrkamp, 1999(초판은 1968).

_____. *Liebe als Passion*, Frankfurt/M.: Suhrkamp, 1982.

_____. *Soziale Systeme – Grundriß einer allgemeinen Theorie*, Frankfurt/M.: Suhrkamp, 1984.

_____. *Die Gesellschaft der Gesellschaft*, Frankfurt/M.: Suhrkamp, 1997.

_____. "Inklusion und Exklusion", *Soziologische Aufklärung Band 6*, 2005(제2판).

_____. "Funktionale Methode und Systemtheorie", *Soziologiesche Aufklärung Band 1*, VS Verlag für Sozialwissenschaften, 2005(제7판, 초판은 1970).

_____. "Sozialsystem Familie", *Soziologiesche Aufklärung Band 5*, VS Verlag für Sozialwissenschaften, 2005(제3판, 초판은 1990).

_____. "Glück und Unglück der Kommunikation in Familien – Zur Genese von Pathologien", *Soziologiesche Aufklärung Band 5*, VS Verlag für Sozialwissenschaften, 2005(제3판, 초판은 1990).

Parsons, Talcott & Bales, R. F. *Family, Socialization and Interaction Process*, Routledge & Kegan Paul LTD, 1956.

Runkel, G. & Burkart, G.(편) *Funktionssysteme der Gesellschaft*, VS Verlag für Sozialwissenschaften, 2005.

Wellman, Barry. "The Community Question: The Intimate Networks of East Yorker", *American Journal of Sociology, Vol. 84 No. 5*, 1979.

## 2부 참고문헌

강현수, 『도시에 대한 권리 - 도시의 주인은 누구인가』, 책세상, 2010.

고트디너, 마크 & 버드, 레슬리. 『도시연구의 주요개념』, 라움, 2013.

기든스, 앤소니. 배은경·황정미 옮김, 『현대 사회의 성 사랑 에로티시즘 - 친밀성의 구조변동』, 새물결, 2003.

김은희, 「샌델의 시민적 공화주의는 '민주주의의 불만'을 해소할 수 있는가?」, 서울대 철학사상연구소, 『철학사상』 45, 2012.

김일철, 『종족마을의 전통과 변화』, 백산서당, 1998.

김흥순, 「뉴어버니즘의 실제: 미국 켄틀랜즈의 사례」, 『국토연구』 51, 2006.

루만, 니클라스. 정성훈 외 옮김, 『열정으로서의 사랑』, 새물결, 2009.

──────────. 『사회의 사회』, 새물결, 2014.

류경희·김순옥, 「공동육아협동조합에의 참여를 통한 이웃과 가족 관계의 변화」, 『대한가정학회지』 제39권 11호, 2001.

──────────, 「공동육아협동조합의 대안적 가족형태로서의 가능성 탐색」, 『한국가족관계학회지』 제5권 2호, 2000.

마르크스, 칼 & 엥겔스, 프리드리히. 「공산주의 당 선언」, 『칼 맑스/프리드리히 엥겔스 저작선집 1권』, 박종철출판사, 1991.

문치웅, 「성미산 마을의 역사와 현재」, 제1회 인간도시포럼 자료집 『인간도시만들기, 성미산공동체에서 배우다!』, 2011.

박주형, 「도구화되는 '공동체' 서울시 「마을공동체 만들기 사업」에 대한 비판적 고찰」, 『공간과사회』 제23권 1호, 2013.

사단법인 사람과마을, 「2012년 성미산마을 조사연구 보고서」, 2012.

사이토 준이치. 윤대석 외 옮김, 『민주적 공공성』, 이음, 2009.

샌델, 마이클. 『민주주의의 불만』, 동녘, 2012.

슐트, 크리스티안. 장혜경 옮김, 『낭만적이고 전략적인 사랑의 코드』, 푸른숲, 2008.

아렌트, 한나. 이진우·태정호 옮김, 『인간의 조건』, 한길사, 1996.

앤더슨, 베네딕트. 윤형숙 옮김, 『상상의 공동체, 민족주의의 기원과 전파에 대한 성찰』, 나남출판, 2003.

왈쩌, 마이클. 김용환 옮김, 「자유주의와 자연 공동체」, 『자유주의를 넘어서』, 철학과현실사, 2001.

유창복, 「나의 마을살이 10년 – 이제 마을하자!」, 『진보평론』 제43호, 2010.

_____, 『우린 마을에서 논다』, 또하나의문화, 2010.

이부미, 『놀면서 자라고 살면서 배우는 아이들』, 또하나의문화, 2001.

정성훈, 「공동육아 협동조합과 사회적 돌봄」, 『여/성이론』 31, 2014.

_____, 「사회의 분화된 합리성과 개인의 유일무이한 비합리성」, 『사회와 철학』 25, 2013.

조한혜정, 『다시 마을이다』, 또하나의문화, 2007.

크네어, 게오르그 & 낫세이, 아민. 정성훈 옮김, 『니클라스 루만으로의 초대』, 갈무리, 2008.

하버마스, 위르겐. 한승완 옮김, 『공론장의 구조변동』, 나남, 2001.

_____. 『의사소통행위이론』 제2권, 나남, 2006.


Arendt, Hannah. *Men in Dark Times*, A Harvest Book, 1970.

_____. *The Human Condition*, The University of Chicago Press, 1998.

Fraser, Nancy. "Rethinking the Public Sphere", Craig Calhoun(편), *Habermas and the Public Sphere*, The MIT Press, 1992.

Habermas, Jürgen. *Strukturwandel der Öffentlichkeit*, Frankfurt/M.: Suhrkamp, 1990

Habermas, Jürgen. *Faktizität und Geltung*, Frankfurt/M.: Suhrkamp, 1992.

Hölscher, Lucian. "Öffentlichkeit", Brunner, O., Conze, W. & Koselleck, R.(편), *Geschichtliche Grundbegriffe Band 4*, Klett-Cotta, 2004.

Lefebvre, Henri. "The Right to the City", *Writings on Cities*, Blackwell, 1996.

Luhmann, Niklas. "Die Lebenswelt – nach Rücksprache mit Phänomenologien", *Archiv für Rechts- und Sozialphilosophie*, 1986.

_____. "Individuum, Individualität, Individualismus", *Gesellschaftsstruktur und Semantik Band 3*, Frankfurt/M.: Suhrkamp, 1989.

Luhmann, Niklas. *Das Recht der Gesellschaft*, Frankfurt/M.: Suhrkamp, 1993.

_____. *Die Gesellschaft der Gesellschaft*, Frankfurt/M.: Suhrkamp, 1997.

MacIntyre, Alasdair. *After Virtue,* 3rd ed. Notre Dame: Notre Dame UP, 2007.

Talen, Emily. "Sense of Community and Neighbourhood Form: An Assessment of the Social Doctrine of New Urbanism", *Urban Studies* 36.8, 1999.

**정성훈 (인천대학교 인천학연구원 연구교수)**

현재 인천학연구원에서 한국연구재단 인문사회연구소지원사업 전임연구인력으로 근무하고 있으
며, 서울대와 경찰대에 출강하고 있다. 2009년 서울대 철학과에서 「루만의 다차원적 체계이론과
현대 사회 진단에 관한 연구」로 철학박사학위를 받았고, 고려대 법학연구원에서의 박사후연수
이후 서울시립대 도시인문학연구소에서 HK연구교수로 근무했다. 저서로는 『괴물과 함께 살기 -
아리스토텔레스에서 루만까지 한 권으로 읽는 사회철학』(미지북스, 2015), 공저로는 『협동과 포
용의 살림공동체: 이론, 역사, 인천 사례』(보고사, 2019), 『초연결의 철학』(앨피, 2021) 등이 있다.
역서로는 『니클라스 루만으로의 초대』(갈무리, 2008), 『열정으로서의 사랑』(새물결, 2009) 등이
있다.

도시공동체 연구총서 3

**가족과 국가 이후의 공동체**

2022년 5월 30일 초판 1쇄 펴냄

**기　획** 인천대학교 인천학연구원
**지은이** 정성훈
**발행인** 김흥국
**발행처** 보고사

**책임편집** 이소희
**표지디자인** 김규범

**등록** 1990년 12월 13일 제6-0429호
**주소** 경기도 파주시 회동길 337-15 보고사
**전화** 031-955-9797(대표)
　　　02-922-5120~1(편집), 02-922-2246(영업)
**팩스** 02-922-6990
**메일** kanapub3@naver.com / bogosabooks@naver.com
http://www.bogosabooks.co.kr

ISBN 979-11-6587-339-4　　93330

ⓒ 정성훈, 2022

**정가 17,000원**
사전 동의 없는 무단 전재 및 복제를 금합니다.
잘못 만들어진 책은 바꾸어 드립니다.

이 저서는 2019년 정부(교육부)의 재원으로 한국연구재단의 지원을 받아 수
행된 연구 결과물임(NRF-2019S1A5C2A03082865).